바로 지금 이 순간,
슬픈 일이든 기쁜 일이든 **기꺼이 받아들이고,**
머릿속에 떠오르는 모든 생각을 **가볍게 바라보며,**
당신에게 **의미 있는 삶의 주인**이 되고,
삶에서 달아나고 있다고 느낄 때
부드럽게 다시 **되돌아 올 수** 있는가?

불안에 서툰,
당신에게

things might go terribly, horribly wrong

로이 듀프레인, 켈리 G. 윌슨 지음
임현경 옮김

슬로디미디어

30년이 지난 지금 이 순간까지
오직 하나 뿐인 그대, 다이애나에게

– K.G.W

때때로 굉장히 멋진 삶을 선사하는 '기회'에게

– T.D.

제목에 너무 현혹되지는 말라. 우리 삶과 마찬가지로 책 또한 움직이고 진화하는 살아 있는 존재다. 책은 지면이나 저자, 여러 가지 학설에 갇혀 있는 것이 아니다. 책은 인쇄되는 순간 태어나는 것이 아니라, 독자들이 읽기 시작할 때 비로소 생명을 얻는다. 그러므로 우리는 무엇보다도 독자들의 시간과 관심에 감사한다. 이 책에 생명을 불어 넣는 것은 바로 독자들이기 때문이다.

ACT(Acceptance & Commitment Therapy:수용-전념치료)는 기본적으로 상당히 많은 사람들의 노력에 의해 완성되었다고 할 수 있다. 우리는 ACT의 발전과 대중화에 기여한 모든 사람들에게 감사한다. 특히 미시시피 대학교에 있는 켈리의 연구실 동료들과, 지금은 어디서 무엇을 하고 있을지 모르는 우리의 모든 스승들에게 감사한다.

오랫동안 힘들게 책을 집필하는 과정에서 우리를 이끌어준 출판사 관계자들에게, 특히 캐서린 서커, 제스 비비, 넬다 스트리트에게 감사한다. 그리고 특히 힘들었던 편집 과정에도 불구하고, 난간 위에서 뛰어내리려는 우리 두 사람이 미래를 볼 수 있도록 이끌어준 헤더 미체너에게 감사한다.

마지막으로 가족들에게 사랑과 감사를 전한다. 다이애나, 첼시, 엠마, 사라를 비롯한 가족들에게 더 관심을 기울였어야 할 때, 그들의 무한한 인내와 지지 덕분에 이 보잘것없는 책을 완성할 수 있었다.

삶이
지독하게
꼬여버릴 지도
몰라

하지만 생쥐야, 너는 혼자가 아니란다.
앞날을 예측하는 것은 무익한 일이란다.
생쥐와 인간이 아무리 계획을 잘 짜도,
일은 제멋대로 어그러지고
슬픔과 고통만 맛보는 일이 허다하잖니,
고대했던 기쁨은 고사하고 말이야.

                         – 로버트 번즈, 『생쥐에게』

2001년 어느 화요일 아침, 와인을 팔

러 다니는 한 남자가 캘리포니아 버클리의 아파트에서 출근 준비를 하고 있었다. 면도를 하고 샤워를 한 다음 몸에 잘 맞지 않아 조금은 어색한 핀스트라이프 무늬 정장을 입고, 흠집이 난 검정색 로퍼를 신었다. 그리고 푸른 색 타이를 매다가 전 날 점심을 먹으며 묻은 게 분명한 기름 자국을 발견하고 깜짝 놀랐다. 그는 샌프란시스코 시내에서 일하는데, 버클리에서 샌프란시스코까지 출근 시간에는 차가 종종 막히기 때문에 교통 체증을 피하기 위해 일찍 일어나는 게 습관이 되어 있었다. 반면에 출퇴근 시간이 그만큼 길지는 않아 한 시간 정도 더 잘 수 있는 여자 친구는 아직 이불 속에 있었다.

그는 와인을 파는 일이 자신에게 어울리지 않는다고 생각했다. 거래처에 전화를 걸어 솜씨 좋게 설득해서 주문을 받아 내지도 못했고, 거절당할 때마다 걱정만 한가득 안고서 돌아섰다. 그는 거래처 사장들의 거절을 늘 개인적으로 받아들였다. "필요 없다."는 대답을 들으면 기분이 나빠졌다. "오늘은 몇 병이나 필요하세요?"라는 질문에 "오늘은 괜찮아요." 라는 대답을 들을 때마다 마음에 상처를 받았다. 하지만 그 피할 수 없는 굴욕감에 제대로 대처할 기술이라곤 없었다.

이를 닦는 동안, 오늘 또 자신을 거부할지도 모르는 샌프란시스코 주류 판매점 사장들의 이름과 얼굴이 가득 떠올랐다. 하지만 누구에게도 집중할 수가 없었다. 그서 사람들의 얼굴이 머릿속에서 뒤죽박죽 엉켜버렸다.

와인을 팔지 못하면 할당량을 다 채우지 못할 것이고, 이는 곧 수수료 수익을 얻지 못하는 것, 그 이상을 의미했다. 그는 상사와 그 상사의 상사 앞에서 어찌 해야 할지 눈앞이 캄캄했다. 이 일을 시작한 지는 반 년 정도 되었는데, 지금까지는 꾸준히 할당량을 채워 왔지만 한 달 한 달이 마치 전쟁 같았다. 지역 책임자가 가끔 격려 차원의 음성 메시지를 남기기도 했고, 며칠 전 영업 회의에서는 영업성과가 좋다고 칭찬을 받기도 했지만 시간문제일 뿐이었다. 할당량을 채우기 위해 그가 얼마나 힘들게 노력해야 하는지, 혹은 매달 그야말로 가까스로 할당량을 채운다는 사실을 상사가 알게 되기라도 한다면 단박에 거리로 쫓겨날 판이었다.

그리고 지난 몇 주, 그의 상사는 그의 상태를 마치 다 알고 있다는 듯 침묵으로 일관했다. 본사에서도 아무 말이 없었다. 그 침묵은 도대체 무슨 뜻일까? 그에게 화가 난 것일까? 아니면 성과에 대한 무언의 압력일까? 그는 그 침묵을 견디기가 너무 힘들었다.

바로 어제 월요일 아침에도, 또 거절당할지 모른다는 생각에서 벗어날 수 없었다. 그는 첫 번째 거래처에서 여섯 블록이나 떨어진 곳에 차를 두고는 걸어서 가게 옆쪽에 있는 문으로 갔다. 그러고는 손잡이를 잡았지만 차마 문을 열 수가 없었다. 그는 다시 발걸음을 돌려 그 블록을 몇 바퀴쯤 빙빙 돌았다. 그러는 동안 온 몸에 땀이 줄줄 흐르고 심장이 몹시 두근거렸다. 다시 가게로 돌아와 손잡이를 잡았지만 이번에도 역시 문을 열고 안으로 들어갈 수 없었다.

결국, 아예 발걸음을 돌려 차를 몰고 퍼시픽 하이츠까지 가서 앨커트래즈 섬이 바라보이는 곳에 차를 세우고는 자동차가 마치 감옥인 양, 여섯 시간 동안 차 안에서 꼼짝도 하지 않고 앉아 있었다. 그러면서 이삼 분에 한 번씩 음성 사서함을 확인하면서 메시지를 기다렸다. 거래처 사장들이 나를 비난하고 있지는 않을까? 왜 오지 않았냐고 따지지는 않을까? 지역 담당자가 사무실에 잠깐

들러 커피나 한 잔 하자고 껄끄럽게 얘기하지는 않을까? 그러나 아무런 메시지도 없었다. 전화기 저편에서 들려오는 녹음된 여자의 목소리는 그가 가장 두려워하는 말만을 반복해서 들려줄 뿐이었다. "새로운 음성 메시지가 없습니다."

틈틈이 음성사서함을 확인하는 사이에도 단 한 통의 전화조차 걸려오지 않았고, 무선 호출기 역시 죽은 듯 고요했다. 멀리에서는 무슨 일인가가 일어나고 있지만, 자신은 전혀 모르고 있다는 생각이 머릿속을 떠나지 않았다. 예전에는 알지 못했던 떨림이 심장 박동 속에서 느껴진 것도 바로 그 차 안에서 였다.

얼마나 오랫동안 계속할 수 있을까? 그도 머리로는 자신이 이일을 해낼 수 있을 거라 생각했다. 적어도 '해고당하면 어떻게 하지?', '내가 바보처럼 보이지는 않을까?', '집세는 제 때 낼 수 있을까?' 하는 두려움과 걱정 등 이런 끊임없는 느낌들만 떨쳐버릴수 있다면, 이 일을 계속할 수 있을 거라 생각했다. 그러나 그는 사실 무엇 때문에 괴로운지조차 알 수가 없었다.

그렇게 온갖 망상에 빠져 있다가 갑자기 찌릿한 통증과 함께 피 맛이 느껴졌다. 어제 있었던 일에 집착하고 있는 동안 자기도 모르게 손톱을 물어뜯다가, 결국 오른손 손톱 밑의 속살까지 물어뜯었던 것이다. 시계는 어느 새 7시 45분을 지나고 있었다. 이런 제기랄! 다리 위 고속도로 요금소 주변은 벌써 차들로 꽉 막히기 시작했을 것이다.

그는 그제야 허둥지둥 필요한 물건을 챙기기 시작했다. 서류가방과 자동차 열쇠를 들고, 먹다 남은 토스트 한 조각을 입에 물고는 현관문을 향해 뛰었다. 그런데 손잡이를 채 잡기도 전에 여자 친구가 침실에서 뛰쳐나오며 그를 불렀다. 그리고 이렇게 소리쳤다.

"텔레비전 좀 켜봐. 뉴욕에서 테러가 발생했대!"

삶의 진짜 문제는 대부분 한 번도 걱정해보지 않았던 일일 것이다.
한가한 화요일 오후 4시에 우리를 기습하는 그런 일처럼 말이다.

– 메리 슈미츠, 『조언, 청춘처럼, 혹은 갓 청춘을 허비한』

● 벗어나고 싶다면 뛰어들어라

살다보면 모든 게 엉망진창 꼬여버린 것 같은 느낌이 들 때가 있다. 게다가 그런 순간은 전혀 마음의 준비가 되지 않았을 때 불쑥 찾아온다. 한 번도 진지하게 생각해보지 않았거나, 전혀 상상조차 해보지 못했던 일이 벌어지기도 한다.

세상이 우리의 기대에 턱없이 못 미치는 방향으로 흘러가는 것에 대해 굳이 역사적 사실까지 들먹이지 않더라도, 한 가지 예 정도는 쉽게 찾을 수 있다. 1장 첫머리에 인용했던 시에서 로버트 번즈 또한 이를 잘 표현하고 있다. 불행한 일이 일어나지 않기를 바라며 아무리 계획을 잘 세우고 방지책을 마련한다고 하더라도, 기쁨을 기대하는 곳에서 두려움과 고통을 맛보는 일이 허다하다고 말이다.

그럴 때 우리는 어떻게 되는가? 모든 게 끔찍하게 엉켜버릴지도 모른다는 생각을 평온하고 침착하게 받아들이고 삶을 지속하는가? 많은 사람들은 아니라고 대답할 것이다. 우리는 걱정한다. 당황하고 두려워한다. 그리고 마치 점쟁이처럼 미래를 엿보고 과거를 파헤치며, 아직 일어나지도 않은 일의 해결책이 되어 줄지도 모를 무언가를 찾아 나선다. 그러나 이런 걱정과 두려움은 실제로 우리를 위협하는 특정한 사건과는 전혀 상관없을 때도 있다. 우리는 걱정에 대해 걱정하기 시작하고, 두려움 자체를 두려워하며, 공포에 빠지지는 않을까 하는 마음에 공포에 떤다.

다시 말하자면, 우리는 불안해하고, 많은 사람들에게 불안은 그 자체가 목적이 되어 버리기도 한다. 우리는 불안한 감정에 모든 것을 넘겨주고, 이내 그 감정이 우리 삶 전체를 차지하게 된다. 실제로는 우리가 불안한 감정을 느끼는 것이 아니라, 불안이 우리를 지배하게 되는 것이다.

이 책은 불안에 관한 책이자, 불안이 우리 삶에서 어떻게 작용하는지에 관한 책이며, 더 중요한 것은 그 불안이라는 굴레로부터 자유로워질 수 있는 방법에 관한 책이다. 또한 불안한 감정에서 헤어나기 위해 애쓰고 있는 당신에게 도움을 주고자 하는 책이다.

그러나 불안을 없앨 수 있는 방법을 알려주는 것은 아니다. 이 책에서는 오히려 불안에서 벗어나기 위해 애쓰지 말고, 차분하게 앉아 불안을 느끼고 주위를 둘러보며 불안을 딛고 일어서라고 말할 것이다. 그리고 불안을 느끼는 순간 당신의 몸과 마음에서는 어떤 일들이 일어나는지 살펴보라고 말할 것이다. 또한 그런 느낌과 경험을 두 팔 벌려 온전히 받아들이고, 의미 있는 방법으로 삶을 지속하라고도 말할 것이다.

물론 지금까지의 삶이 걱정과 두려움, 그리고 공포로 인해 아주 오랫동안 삐걱거려 왔다면 말도 안 되는 소리처럼 들릴 수도 있을 것이다. 더욱이 불안한 감정 때문에 오랜 시간 힘겨웠다면 불안을 떨쳐버리기 위해 무슨 짓이든 하고 싶을지도 모른다. 당연히 그럴 것이다. 하지만 그런 감정은 밀어내려고 하면 할수록 더 바싹 달라붙어 당신을 옥죄일 것이다. 언뜻 이해하기는 어렵겠지만, 불안에서 벗어나 자유로워지는 가장 좋은 방법은 불안을 인식하고 받아들이며, 심지어 적극적으로 찾아 나서는 것이다. 물론 두려운 마음부터 들겠지만, 우리는 불안으로 뛰어들면서 겪게 될 힘든 일들을 잘 헤쳐 나갈 수 있도록 준비할 충분한 시간을 제공하고, 마음을 가라앉힐 수 있는 유쾌한 이야기들 또한 들려줄 것이다. 우리와 함께 하고자 한다면 지금부터 우리는 새롭고 놀라운 세상을 향한 여정으로 여러분을 이끌 것이다. 물론 불안 역시 그 곳에서 우리를 기다리고 있을지도 모르지만 말이다.

2장에서는 불안의 다양한 모습에 대해 폭넓게 살펴볼 텐데, 그 중에는 지금까지 몰랐던 불안의 새로운 모습도 있을 것이다. 가장 먼저, 이미 많이 들어보았을《공황발작》이나《범불안장애》와 같이 불안해하는 특정한 행동을 지칭하기 위해 사용하는 용어들을 살펴볼 것이다. 그리고 나서 이런 용어들이 어떻게 우리를 혼란에 빠뜨리는지, 그리고 불안이 삶에 미치는 기능적 측면에 대해 생각하는 것이 불안으로부터 벗어나는데 얼마나 유용한 방법인지에 대해 탐구할 것이다. 또한 언어를 사용하고 사고하는 특정한 방법이 어떻게 우리로 하여금 일정 정도의 불안을 경험하고픈 마음이 들게 하는지 살펴볼 것이다.

위에서 언급한 모든 문제에 대해 살펴보고 난 다음에는, 불안을 비롯한 감정이 삶을 어디로 이끈다고 해도, 깊이 있고 의미 있게 살 수 있는 방법을 제시할 것이다. 이를 위해 심리학 기초 연구와 응용 연구 분야에서 널리 지지를 받으며 점차 인기를 얻고 있는 심리치료의 한 형태인 ACT(Acceptance & Commitment Therapy: 수용전념치료)와 이를 구성하는 기본 개념에 대해 먼저 알아볼 것이다.

ACT의 관점에서 살펴보면 불안과 같은 삶의 문제가 지금까지와는 약간 다르게 보일 것이다. ACT는 불안과 같은 문제를 바이러스나 부러진 뼈처럼 당신이 〈지니고〉 있는 문제로 보는 대신, ACT의 여섯 가지 영역에서 기능하는 각각의 능력이라는 측면에서 불안과 같은 문제를 바라본다. 이 여섯 가지 영역은 삶의 여러 가지 문제(혹은 성공)를 구성하는 요소와 비슷하다고 할 수 있다. 이러한 관점에서 불안과 같은 문제를 살펴보면 어떤 영역에서 삶이 삐걱거리기 시작했는지, 혹은 우리가 삶에서 원하는 것과 우리 사이를 가로막으며 문제를 일으키는 부분이 어디인지 알아낼 수 있을 것이다. 그리고 이를 통해 자신의 행동 방식과 경험에 대한 이해의 폭 또한 약간 조정할 수 있을 것이다. 이러한 변화는 전체적으로 삶을 더 풍요롭게 하고 삶의 의미를 찾는데 도움이 될 것이다. 특정한 사고나 감정, 경험을 미리 통제하거나 처리하거나 없애지 않고서도 말이다.

한 가지 흥미로운 점은 삶의 문제를 바라보는 이 색다른 방법이 우리가 서로 다른 문제라고 구분해 놓은 경계선을 무너뜨린다는 것이다. 삶의 기본 요소들을 뒤흔든다는 점에서 불안은 사실 우울, 분노, 목적 상실, 고독, 소외 등과 공통점이 많다. 그런 경계선이 무너지면 우리가 느끼는 고통이나 전반적인 경험의 모든 조각을 촘촘히 연결하는 한 가닥 실을 찾을 수 있을 것이다. ACT의 관점으로 불안에 관한 경험을 살펴보면, 당신이 지금까지 힘겨워했던 삶의 다른 면들이 드러나고 있다는 것 또한 발견할 수 있을 것이다.

ACT의 여섯 가지 영역에 대해서는 3장에서 8장에 걸쳐 자세히 살펴볼 것이다. 여섯 가지 영역은 다음과 같다.

- 현재에 존재하기 – 지금 이 순간, 삶에서 무슨 일이 일어나고 있는지 정확하면서도 유연하게 파악할 수 있는 능력
- 인지적 탈융합 – 경험이나 사고를 문자 그대로 받아들이거나 진실이라고 확신하지 않으며 가볍게 바라볼 수 있는 능력
- 수용 – 삶의 모든 측면을 있는 그대로 인식하고 받아들이는 능력
- 가치 – 자신에게 의미 있는 방향으로 삶의 가치를 선택하고 표현할 수 있는 능력
- 전념행동 – 삶의 가치에 부합하는 행동을 선택하고, 잘못된 방향으로 가고 있을 때 그 가치를 향해 다시 부드럽게 돌아올 수 있는 능력
- 맥락으로서의 자기 – 나는 누구인가, 무엇이 될 것인가에 대한 고정관념을 버리고 자신을 역동적으로 진화하는 삶의 발판으로 바라볼 수 있는 능력

미리 말해 두자면, 여섯 가지 영역에 대해 논의하는 특별한 순서가 있는 것은 아니다. 각각의 영역은 보석의 한 면과 마찬가지이다. 보석의 한 면을 들여다보면 반사된 다른 다섯 면이 보일 것이다. 특별히 더 중요한 영역도 없다. 여섯 가지 영역은 저마다 삶

에서 끊임없이 기능하며, 불안을 비롯한 삶의 여러 가지 경험에서도 각기 중요한 역할을 한다.

ACT라는 말이 무슨 뜻인지 쉽게 다가오지는 않겠지만, ACT의 핵심 개념은 특별히 복잡하거나 난해하지 않다는 것을 미리 말해두고 싶다. ACT는 예전부터 전해 오는 지혜나 행복에 대한 개념을 새로운 방식으로 이야기하는 것뿐이며, 그 개념을 인간의 행동에 대한 과학적 연구를 통해 도출된 원칙에 적용한 것뿐이다. 이 책에서 그 과학적 근거에 대해서는 길게 논하지 않을 테지만, 관심 있는 사람들을 위해 책 뒷부분의 「더 읽어보기」에서 이와 관련된 참고 자료를 제시할 것이다.

지금 이 시점에서 독자들이 ACT에 대해 알았으면 하는 점은, ACT가 더 풍요롭고 충만하며 의미 있는 삶을 위한 방법을 아주 명확하고 구체적으로 제시한다는 것이다. 약간 다르게 표현하자면, ACT의 여섯 가지 영역을 통해 다음과 같은 방법을 찾을 수 있을 것이다.

- 바꿀 수 없는 과거나 알 수 없는 미래에 얽매여 있지 않고, 유연하면서도 목적의식적인 상태로 지금 이 순간에 대해 알아차리는 방법
- 세상에 대한 전체적인 생각은 그저 생각으로, 자기 자신과 세상에 대한 경험은 그저 경험으로 바라보는 방법
- 기쁜 일이나 고통스러운 일, 통제할 수 있는 일이나 통제할 수 없는

일 등 삶의 모든 측면을 침착하고 편안한 마음으로 받아들이는 방법

- 삶에서 원하는 바를 자유롭게 선택하고 표현하는 방법
- 중요한 일이든 사소한 일이든 자신의 희망, 꿈, 가치를 실현시킬 행동에 전념하는 방법, 더불어 그러한 원칙에서 멀어졌을 때 다시 되돌아오는 방법
- 자신이 누구인지, 무엇이 되어야 하는지에 대해 엄격한 한계를 두지 않고, 자신의 삶을 위대하고 무한한 가능성의 장으로 인식하는 방법

●어떻게 살고 싶은가

위에서 언급한 여섯 가지 영역이 전체적으로 〈심리적 유연성〉에 영향을 미친다. 심리적 유연성이란 행동에 관한 폭넓은 가능성을 즐기고, 삶의 가치에 부합하는 방법으로 자유롭게 선택하고 행동할 수 있는 상태를 말한다.

신체적 유연성에 대해 생각해 보면 심리적 유연성의 기본 개념을 이해할 수 있을 것이다. 스트레칭을 하면 신체가 움직일 수 있는 범위가 늘어나 유연하지 않을 때보다 더 많은 행동을 할 수 있다. 열심히 노력하면 발가락에 손이 닿을 수도 있고, 림보를 더 낮게 할 수도 있으며, 다리를 일자로 뻗을 수도 있다. 또한 몸에 이상이 생겼을 때, 이를 보완하고 적응하며 회복하는 속도도 더 빠를

것이다. 마찬가지로 여섯 가지 각각의 영역에서 기능하는 능력을 높이면 심리적으로 더 유연해질 것이다. 심리적으로 유연해지면 사람들 앞에 나서고, 사회적 활동에 참여하며, 위험한 상황에 더 잘 대처하는 등 예전에 할 수 없었던 많은 일을 할 수 있을 것이다.

심리적 유연성이라는 개념이 명확하게 와 닿는 사람도 있을 것이다. 그러나 설령 그렇지 않더라도 책을 읽는 동안 점차 명확해질 테니 걱정할 필요는 없다. 지금 심리적 유연성에 대해 시간을 할애하며 이야기하는 이유는 그것이 바로 ACT의 분명한 목표이기 때문이다. ACT의 목적은 증상을 완화시키는 것이 아니다. 불안을 극복하는 것도 아니다. 더 행복해지는 것도 아니고 자신에 대해 더 좋은 느낌을 갖는 것도 아니다. 이 작업의 단순하고 명확한 목표는 의미 있는 방법으로 삶을 지속할 수 있는 마음의 여유를 제공하는 것이다. 다시 말하면, 자유로워지는 것이다. 불안에 관한 괴로운 생각이나 느낌이 더 이상 존재하지 않는다는 의미의 자유가 아니라, 그러한 감정이 더 이상 삶의 한계로 작용하지 않는다는 점에서 자유로워진다는 뜻이다.

모든 인간은 태어나고 시간이 흐르면 죽음을 맞는다. 처음과 마지막 사건은 인간이 통제할 수 없다. 우리는 그 사이에 있는 중간 과정에 대해서만 왈가왈부할 수 있다. 그 과정이 바로 오직 한 번뿐인 유일한 삶이다. 그렇다면 어떻게 살아야 할 것인가? 다음 두 편의 시를 보자.

나는 방랑을 쉴 수 없도다. 마시리라.

삶을 그 찌꺼기까지 언제나 나는 즐겼고

크나큰 고통도 맛보았노라.

나를 사랑했던 사람들과, 그리고 혼자서.

– 알프레드 로드 테니슨, 『율리시즈』

나는 그들 모두를 이미 알고 있기에, 그들 모두를,

저녁, 아침, 오후를 알고 있기에

나는 커피 스푼으로 내 삶을 계량해 왔지.

먼 방에서 흘러나오는 음악에 묻혀

희미하게 잦아드는 목소리를 나는 알기에

내가 어떻게 나설 수 있을까.

– T. S. 엘리엇, 『J. 알프레드 프루프록의 연가』

자, 어떤 삶을 선택하겠는가? 삶의 찌꺼기까지 모두 마시고 엄청난 즐거움과 크나큰 고통으로 가득한 삶인가? 아니면 커피 스푼으로 계량 되고 초조한 마음을 떨칠 수 없으며 타인의 대화에 배경이 되는 삶인가? 독자들이 어떤 답을 선택했는지는 맞히는 것은 그리 어렵지 않을 것이다. 물론 더 나은 삶일 것이다. 과연 어떤 삶이 더 나은 삶일까?

여기서 세 가지 시나리오를 살펴보자. 아마 여러분들에게 몹시 익숙한 시나리오도 있을 것이다.

- 파티에 가고 싶다. 하지만 사람들이 당신을 거부하거나 싫어하지 않을지 두렵다.
- 아이를 낳고 싶다. 하지만 좋은 부모가 되지 못할지도 모른다는 생각을 떨쳐버릴 수 없다.
- 직장에서 능력을 발휘하고 싶다. 하지만 마감 날짜를 맞추기 위해 언제나 힘들게 노력해야 하고, 회의 때마다 사람들을 실망시키거나 망신을 당하지 않을지 걱정스럽다.

이 세 가지 상황에서 가장 마음에 와 닿는 부분은 무엇인가? 두려움, 떨쳐버릴 수 없는 느낌, 그리고 피나는 노력과 불안한 마음인가? 아니면 친구들과의 파티, 자식에 대한 심오한 사랑, 그리고 일에서의 성공에 대한 만족과 보상인가? 자, 당신은 앞에서 열거한 세 가지 느낌을 떨쳐버리기 위해 애쓸 것인가, 아니면 뒤에서 언급한 세 가지를 받아들이기 위해 노력하겠는가? 잘 모르겠다면 다른 질문에 답해보자. 지금까지 무엇을 위해 더 노력해 왔는가?

불안에 관한 문제로 힘들어했던 사람들이라면 마지막 질문에 답하기는 어렵지 않을 것이다. 아마 걱정, 두려움, 불확실성, 수치심을 없애기 위해 전력을 다해 왔을 것이다. 그리고 그렇게 힘들게 노력한 이유는 아마 그 장애물을 전부 제거해야 삶에서 진정으로 원하는 것을 추구할 수 있다고 생각했기 때문일 것이다. 하지만 그럴 필요가 전혀 없었다면?

위에서 언급한 세 가지 시나리오를 이번에는 약간 다른 관점으로 다시 한 번 살펴보자.

- 사람들이 당신을 거부하거나 싫어하지 않을까 두려웠지만 파티에 간다. 막상 가보니 두려움을 느끼면서도 마음이 편했다.
- 좋은 부모가 되지 못할까봐 걱정했지만 아이를 낳는다. 무능한 부모가 될지도 모른다는 생각은 아이들과 함께 하는 달콤한 순간을 조금도 훼손하지 못했다.
- 마감 날짜를 맞추기 위해 힘들게 노력하고 회의 때마다 사람들을 실망시키거나 망신을 당하지 않을까 두려웠지만, 직업적으로 뛰어난 능력을 발휘한다. 힘든 노력과 불안한 느낌에 대해 털어놓고 보니 성공한 사람이든 그렇지 않은 사람이든 모두 비슷한 느낌을 받고 있었다.

차이가 크지 않은가? 두 번째 제시한 세 가지 시나리오라고 해서 전부 근사한 것은 아니다. 그런 상황에서도 두려울 수 있고 상처받을 수 있다. 하루하루 무척 힘들지도 모른다. 그렇지만 친구들과 함께 하는 시간을 즐기기도 했을 것이며, 아이들이 자라는 모습을 바라보며 가슴이 뛰었을 것이고, 업무 성과에 대한 상사의 칭찬과 월급봉투도 받았을 것이다.

첫 번째 세 가지 시나리오와 두 번째 세 가지 시나리오의 차이는 불안을 느끼면서도 가고자 하는 방향으로 손을 뻗어 삶을 확장시키는 능력에 달려 있다. 다시 말하면 두 가지 시나리오의 차이는 바로 삶에서 보일 수 있는 심리적 유연성의 차이다. 삶의 소중한 가치를 추구할 수 있도록 심리적 유연성을 증가시키는 것이 바로 이 책의 목적이다.

심리적 유연성은 하루아침에 쉽게 얻을 수 있는 것이 아니다. 지금껏 놓쳤던 파티나 미래에 대해 초조해 했던 순간들, 사람들 틈에서 잠자코 조용히 앉아 있어야 했던 순간들을 책 한권이나 얄팍한 지식으로 되돌릴 수도 없다. 하지만 지식은 행동을 유발할 수 있다. 이 책을 읽고 마음이 조금이라도 움직인다면 작은 몸짓으로나마 시작할 수 있을 것이다. 조금씩 움직이다보면 더 멀리 손을 내밀 수 있고, 손을 내밀면서 한 발자국 내딛을 수 있을 것이며, 곧 성큼성큼 걸어 나갈 수 있을 것이다. 그리고 가고자 하는 방향으로 씩씩하게 걷다보면 결국 자유로워질 것이다.

ACT가 삶이 엉망진창 꼬이는 것을 막아줄 수는 없다. 실망, 거절, 상실로부터 보호해 줄 수도 없다. 하지만 풍부한 경험을 할 수 있도록 삶의 문을 활짝 열어줄 것이며, 지금까지 불안에서 벗어나려고 발버둥치는 동안 잘 보이지 않았던 삶의 목적과 방향을 되찾을 수 있도록 도와줄 것이다. 또한 늘 그렇듯 고통과 기쁨의 순간으로 가득한 세상에서 가치 있는 삶을 위해 필요한 마음의 여유를 찾는 방법을 알려줄 것이다.

● 우리는 누구인가

솔직히 말하자면 꽤 긴 이야기다. 켈리는 숱한 우여곡절 끝에 미시시피 대학 심리학과 교수이자 행동분석가, 심리치료사가 되었으며, ACT의 발전과 대중화에 큰 공을 세웠다. 학생들을 가르치고 저술 활동을 하며 미국 전역과 세계 곳곳에서 ACT에 대한 발표, 훈련, 워크숍으로 바쁜 일정을 소화하고 있다. 커피를 좋아하고 모자에 관심이 많으며, 기타 연주를 즐기고 가족과 함께 수영하는 시간을 좋아한다.

트로이는 작가이자 자칭 박학다식한 사람이다. 2007년 심리학자이자 강박 장애 전문가인 브루스 히먼과 함께 『Coping with OCD 강박장애에 대처하기』를 집필했다. 지금은 아내와 말썽꾸러기 개 두 마리를 데리고 샌프란시스코의 베이 에어리어와 텍사스 주 오스틴을 오가며 지낸다.

트로이는 특별한 상황과 뜻밖의 행운 덕분에 2006년에 텍사스 주 휴스턴에서 열린 켈리의 ACT 워크숍에 참가하게 되었고(지금 되돌아보면 그가 켈리의 워크숍에 참가했던 유일한 이유는 켈리의 멘토 스티븐 헤이즈 교수의 워크숍이 이미 마감되어 버렸기 때문이었다.), 두 사람의 만남은 결국 심리 치료에서 명상과 ACT 접근법을 접목시킬 것을 제안한 『Mindfulness for Two 두 사람을 위한 마음챙김 실습』의 공동 집필로 이어졌다. 그 책은 켈리의 목소리로 쓰였다. 하지만 이 책은 우리 두 사람 모두의 목소리다. 책에 나오는 〈우리〉는 우리 두 사람을 뜻한다고 생각하면 된다. 트로이가 바로 앞에서 언급했던 걱정 가득한 와인판매상이었지만 이 책의 내용은 우리 두 사람 모두의 의견이며, 우리의 주된 관심사는 바로 불안에 관한 독자들의 경험이다.

● 독자들은 누구인가

어떤 독자들이 언제 어디서 이 책을 읽게 될지 우리는 모른다. 단지 상상할 수 있을 뿐이다. 독자들에 대해 알고 싶어도 추측 하는 수밖에 없지만, 충분히 그럴 가치가 있다고 생각한다. 독자들에 관해 궁금해 하다 보면 책을 읽으면서 무엇을 얻고자 하는지도 알아낼 수 있을 테니 말이다.

우리는 여러분이 여러분 자신이나 혹은 여러분이 아끼는 사람의 삶에 드리우는 불안의 그림자에 대해 조금이나마 걱정스러워하고 있을지도 모르고, 책을 읽어보겠다고 마음먹었으니 더 나은 삶을 위해 약간의 노력을 기울일 준비도 되었을 거라 생각한다. 또한 당신이 지금까지 불안에서 벗어나기 위해 갖은 노력을 해봤지만 별다른 성과가 없었을 수도 있고, 설령 있었더라도 아주 미미했을 것이며, 이제는 새로운 방법을 시도해보고 싶다는 생각을 하고 있을지도 모른다고 가정한다. 그리고 마지막으로 이 책을 읽으면서 불안을 없애거나 피하거나 밀어낼 수 없을지도 모른다는 가능성을 받아들이고 있을 거라 생각한다. 독자들은 분명 지금까지 불안으로 인한 대가를 치러왔으며, 불안으로 인해 어느 정도 고통스러운 시간을 보냈을 것이다. 그리고 할 수 있다면 그 고통을 떨쳐버리고 삶을 지속할 수 있기를 바랄 것이다. 이를 위해서 힘든 고비를 많이 넘겨야 한다고 해도 말이다.

그렇다면 불안이 없는 삶은 과연 어떤 모습일까? 그것은 우리보다 독자 여러분들이 더 잘 알고 있을 것이다. 어쩌면 비행기를 타고 몇 시간을 날아서 마침내 사랑하는 사람을 껴안는 달콤한 순간일지도 모른다. 지하철에 대한 두려움을 완전히 극복하지 못했지만 지하철을 타고 도시를 가로질러 미술관에 가는 순간은 어떠한가? 그것도 아니라면 지금과 아주 비슷한 삶에서 더 이상 밤잠을 설치지 않아도 되는 것일 수도 있다. 새로운 가능성은 그야말로 무궁무진하다.

아, 한 마디 덧붙이자면 지금부터 우리가 이 책의 핵심을 전달하기 위해 최선을 다해 노력하는 동안, 우리는 독자들이 원래부터 호기심이 많으며 새로운 생각에 도달하기 위해 가끔은 가까운 길 대신 먼 길로 돌아가는 것도 마다하지 않기를 바란다. 돌아가는 것이 가장 좋은 방법일 때도 있으니 말이다.

● 어떻게 읽을 것인가

읽어보시라.

우리는 서두르고 싶지 않다. 이 책은 전형적인 자기계발서가 아니다. 우리는 독자들이 서둘러 책을 읽고 성급하게 행동으로 옮기거나 빨리 빨리 해치우는 것이 아니라, 천천히 읽고 내용을 음미하길 바란다. 천천히 읽어라. 돌아가도 좋고 건너뛰어도 좋다. 급히 서두르지만 말아라. 놀라운 결말은 없을 것이다. 그렇지만 적어도 독자들에게 도움이 되지 않는 결론은 아닐 것이다.

이 책은 결과보다는 과정에 집중하는 책이다. 독자들이 불안에서 빠져나오거나 불안을 없애도록 도와주지 않을 것이고, 부정적인 생각을 멈추는 법을 가르쳐주지도 않을 것이며, 고통을 피할 수 있도록 도와주지도 않을 것이다. 그 대신 날마다 조금씩 더 자유로워지는 방법을 알려줄 것이며, 천천히 호흡하고 휴식을 취하면서 살아갈 수 있는 여유를 찾을 수 있도록 도와줄 것이다. 책을 읽는 동안 간단한 게임이 종종 등장한다. 우리가 말하고자 하는 내용을 이해하는데 도움을 줄 수 있는 활동이지만, 반드시 단계적이거나 구조적인 것은 아니다. 어떤 책이든 마지막 장이 있는 것처럼 이 책에도 마지막 장이 있지만, 그 마지막 장이 〈끝〉이라고 생각하지 않기를 진심으로 바란다. 그보다는 우리의 이야기가 훌륭한 음식처럼 독자들에게 흡수되어 독자들을 살찌우고 독자들이 원하는 방향으로 삶을 이끌 수 있는 수단이 되길 바란다.

자, 이제 쓸데없는 잔소리는 그만 하고 본론으로 들어가자. 불안에서 해방된 삶을 향한 여정에 우리와 함께 하겠는가? 부족하지만 우리가 내미는 손을 잡아준다면 그보다 더 큰 영광은 없을 것이다.

0 2

누구도
피할 수 없는
고통 : 불안의
형태와 기능

리비아 (폭발하기 직전): 그만하렴, 주니어!

이 할미를 아주 화나게 하는구나!

주니어: 저도 그러긴 싫어요, 할머니.

하지만 전 항상 불안하다고요.

그리고 한 가지 더 말씀드릴 게 있어요.

상황이 안 좋아요. 전부 다요.

— 미 드라마『소프라노스』(데이비드 체이스, 2002년) 중에서

자, 당신은 늘 걱정하고 두려워한다.

가끔은 특별한 이유 없이 공포를 느낄지도 모른다. 그리고 "만약
일이 잘못 되면 어쩌지?"라는 질문을 멈출 수가 없다. 모든 게 엉
망진창 꼬여버릴지도 모른다는 느낌을 떨쳐버릴 수 없다. 다시 말
하면, 불안하다.

2장에서는 가장 먼저 심리학자나 의사를 비롯한 전문가들과
많은 사람들이 불안장애의 〈형태〉에 대해 어떻게 말하는지 간단
히 살펴볼 것이다. 그 다음에는 불안이 삶에서 수행하는 〈기능〉에
대해 논할 것이다. 그리고 마지막으로 불안은 인간이 받는 고통의

극히 일부라는 사실과 삶에서 마주하는 다른 문제들과 크게 다르지 않을 수도 있다는 점에 대해 살펴보면서 2장을 마무리할 것이다.

〈삶의 여러 가지 문제〉를 기억한다면 더 풍요롭고 의미 있는 삶을 위한 독자들과의 대화에 필요한 무대 장치는 끝난 셈이다.

● 불안 행동 분류하기

시작하기 전에 한 가지 짚고 넘어갈 것이 있다. 여기서 언급할 장애 진단 기준에 우리가 완전히 동의하는 것은 아니다. 심리학자들을 비롯한 많은 사람들이 어떤 일반적인 행동 형태를 분류하기 위해 사용한 용어들은 세상에 관한 일을 체계화해서 기술하기 위한 구분일 뿐이다. 그리고 뒤에서 살펴보겠지만, 말하는 방법과 용어, 그리고 우리가 타인에게 말하거나 자신에게 들려주는 이야기들은 일상생활의 문제를 해결하고 장애를 극복하는데 큰 힘이 되는 만큼 고통과 갈등 또한 유발할 수 있다. 한 가지 혹은 그 이상의 범주에 자신의 상태를 끼워 맞추려는 노력은 불안으로 인한 제약에서 자유로워질 수 있도록 도와주지도 못할 뿐만 아니라, 고통을 더 심화시킬 수도 있다. 하지만 불안에 관한 책을 많이 읽는 사람이라면 다음 용어들을 마주하게 될지도 모르니 무슨 뜻인지 알아두는 것도 좋을 것이다.

여기서 언급할 장애들에 대한 묘사와 진단 기준은 『DSM』이라는 머리글자로 알려진 전화번호부처럼 두꺼운 책 『정신장애의 진단 및 통계편람 Diagnostic and Statistical Manual of Mental Disorders』에 잘 정리되어 있다. 『DSM』(미국정신의학회 2000)은 불안 장애를 일곱 가지(그리고 건강 문제나 약물 남용 등의 행동을 보일 수 있는 몇 가지 다른 문제)로 분류했다. 그와 같은 장애가 있다고 전문가의 공식적인 진단을 받으려면, 불안과 관련된 특정한 증상을 꽤 오랫동안(특별한 경우 6개월까지) 보여야 한다. 전문가들이 분류한 일곱 가지 장애는 다음과 같다.(마지막으로 다시 한 번 당부한다. 너무 심각하게 받아들일 필요는 없다. 그 이유에 대해서는 나중에 더 자세히 설명하겠지만, 지금은 우선 병에 담아 이름표를 붙인다고 내용물이 달라지지 않는다는 것만 기억하면 된다. 이 일곱 가지는 편의상의 분류일 뿐이며, 이를 그대로 받아들이지 않아도 될 충분한 이유도 있다.)

| 특정 공포증(Specific Phobia)

높은 곳에 올라가면 어떤 느낌이 드는가? 거미나 뱀을 발견하거나 비행기를 탈 때는? 바늘을 보았을 때는? 방금 언급한 상황들을 매우 좋아한다면 몹시 특이한 사람일 것이다. 특정한 물건을 보거나 특별한 상황에 처하면 누구나 어느 정도 소름이 끼칠 수 있지만, 그런 상황에서 극도로 두려워하거나 이를 피하고 싶은 마음에 엄청난 거리를 에둘러 가곤 한다면 특정 공포증을 갖고 있다고 생각할 수 있다. 특정 공포증의 대상은 여러 가지일 수 있으며 가장 일반적인 불안 장애로, 한 해 미국 성인의 9%가 특정 공포증을 겪는다고 한다.(케슬러 외. 2005) 특히, 글자를 두려워하는《단어 공포증 logophobia》으로 고생하고 있지 않다면, 사람들이 그 이름 때문에 기억하고 싶어 하기도 하는 몇몇 보기 드문 특정 공포증도 있다. 예를 들면, 높은 곳을 두려워하는《고소 공포증 acrophobia》, 바늘을 무서워하는《첨단 공포증 aichmophobia》, 두꺼비를 무서워하는《두꺼비 공포증 bufonophobia》등과 같은 것들이다.

특정 대상에 대한 두려움이 실제 공포증으로 진단 받기 위해서는 그로 인해서 실생활에 지장을 받고 있어야 한다. 그러나 사람들 각각의 생활방식이 다르기 때문에 특정한 사물이나 상황에 대한 반응이 아주 심각하다 하더라도 일상생활에는 아무런 영향이 없을 수노 있다. 비행기에는 평생 단 한 발자국도 올려놓지 않거나 공항 근처에는 가지도 않고, 비행기가 지나가는 길 아래에 살지 않고도 의미 있고 충만한 삶을 살 수 있다면 몹시 심각한 비행 공포증도 문제가 되지 않을 것이다. 하지만 그 공포증이 당신과 당신이 원하는 것 사이를 가로막고 있다면 엄청난 대가를 치러야 할 수도 있다. 일에서의 성공이나 사랑하는 사람들과 소중한 시간을 함께 하는 것이 비행기 여행에 달려 있다면 비행 공포증이 삶에 심각한 영향을 끼칠 수 있는 것이다.

| 사회 공포증(Social Phobia)

특정 공포증과 구별되는 극심한 공포증 중 하나로 《사회불안장애》 혹은 《사회 공포증》이 있다. 사회 공포증은 다른 사람들 앞에 나서기 힘들어 하거나, 사람들 앞에서 창피를 당하지 않을까 하는 두려움이다. 사회 공포증은 아주 흔해서 한 해 약 7%의 미국 성인이 사회 공포증이라고 진단할 수 있는 수준의 공포를 느낀다.(케슬러 외. 2005) 7%라는 통계 수치는 사회 공포증이라고 진단할 수 있는 정도는 아니지만, 보통 수줍어하거나 사람들 앞에 서는 것을 불편해 하는 많은 사람을 제외한 수치이기 때문에 실제로 이 문제는 그야말로 매우 흔하다고 할 수 있다. 사회 공포증을 느끼는 사람에게 파티나 여러 가지 모임, 사람들 앞에 나서야 하는 상황은 심각한 불안을 초래할 수 있다. 그런 사람들은 종종 무슨 수를 써서라도 그러한 상황(혹은 그러한 상황의 위험)을 피하려고 한다. 하지만 인간은 본능적으로 사회적 동물이며 사회적 관계를 무시하고는 일상생활을 영위할 수 없다는 점에서 사회 공포증은 특정 공포증과 달리 개인의 삶에 심각한 결과를 초래할 수밖에 없다.

| 광장 공포증(Agoraphobia)

특정 공포증에 포함되지 않는 또 한 가지로 《광장 공포증》이 있다. 광장 공포증은 넓은 곳에 대한 공포로, 도망갈 수 없고 도움을 받거나 곤란함을·피할 수 없는 상황에서 공황 발작을 일으키지 않을까 하는 두려움이다. 광장 공포증을 갖고 있는 사람은 열린 공간이나 사람들이 많은 곳을 피하려고 한다. 『DSM』은 공황 장애를 앓았던 사람과 그렇지 않은 사람의 광장 공포증을 구분한다. 광장 공포증을 겪는 사람은 미국 성인의 0.8%로 비교적 보기 드물다고 할 수 있다.(케슬러 외. 2005)

| 공황 발작과 공황 장애

(Panic Attacks and Panic Disorder)

갑작스럽게 극심한 불안에 휩쓸려 급하게 숨을 들이쉬거나, 심장 박동이 빨라지며 구역질이 나고 숨이 막힐 것 같은(이에 해당되는 증상은 그 밖에도 매우 많다.) 신체적 증상이 나타난다면 공황 발작이라고 할 수 있다. 특별한 이유 없이 반복적으로 공황 발작을 경험하거나 공황 발작을 일으키지 않을까 걱정하는 시간이 상당히 길어진다면 공황 장애라고 판단할 수 있다. 공황 발작이 반복되면 흔히 광장 공포증을 동반하게 된다. 이런 경우가 많아 공황 발작과 광장 공포증은 종종 함께 논의된다. 공황 발작과 공황 장애는 공포를 유발하는 원인이 무엇인지 확실히 알 수 없다는 점에서 다른 형태의 불안 장애와 구별되기도 한다. 공황 장애를 겪고 있는 사람은 미국 성인의 3%가 되지 않는다.(케슬러 외. 2005) 그러나 일회성 발작을 겪었거나 아주 가끔 공황 발작을 경험하는 사람들은 그보다 훨씬 많을 것이다.

| 급성 스트레스 장애(Acute Stress Disorder)

〈DSM〉의 정의에 따르면 급성 스트레스 장애는 한 달 안에 사라지거나, 또는 만성 질환으로 변형되는 흔치 않은 불안 장애의 한 가지다. 급성 스트레스 장애는 자기 자신이나 다른 사람의 죽음, 혹은 심각한 부상에 대한 실제나 가상의 위협, 무력감, 두려움, 공포를 느낄 때 발생한다. 보통 사고나 자연 재해, 강도, 살인, 강간 등의 폭력적인 범죄, 전쟁 등의 상황에서 발생한다. 고통스러운 사건을 겪은 후, 그 사건의 직접적인 결과로 몇 가지 증상이 나타난다면 급성 스트레스 장애로 판단할 수 있다. 급성 스트레스 장애의 증상은 주변에 대한 무감각, 현실감 소실, 내가 나인 것 같지 않은 느낌, 충격적인 사건에 대한 기억을 잃는 해리성 기억 상실 등이 있다. 급성 스트레스 장애를 겪는 사람은 꿈이나 회상 등의 다양한 방법으로 그 사건을 다시 경험하게 되고, 그 사건을 떠올리는 물건이나 상황에 노출되는 것을 피하려고 한다. 결국 그러한 상황에서 겪는 불안으로 고통스러워하면서 정상적인 삶을 영위하기 힘들게 된다. 급성 스트레스 장애는 고통을 유발하는 사건이 발생한 직후에 나타나기도 하지만, 진단 기준에 따르면 4주 안에 발병하기도 한다. 증상은 최소 이틀에서 약 한 달 동안 지속된다. 그 이상 증상이 지속되면 외상 후 스트레스 장애로 재분류된다.

| 외상 후 스트레스 장애
(Post-Traumatic Stress Disorder : PTSD)

외상 후 스트레스 장애의 진단 기준은 증상이 한 달 이상 지속된다는 점만 제외하면 급성 스트레스 장애와 거의 비슷하다. 외상 후 스트레스 장애는 자신이나 가까운 사람들이 심각한 부상을 당하거나, 목숨을 잃는 것과 같은 사건이 실제로 일어나거나 일어날지도 모르는 극심한 상황에 노출될 때 발생한다. 그리고 어떤 경로로든 그 사건이나 상황을 다시 경험하게 되고, 그 사건을 떠올리는 물건이나 상황을 적극적으로 피하면서 일상생활에서 심각한 스트레스나 장애를 느끼게 된다. 외상 후 스트레스 장애와 관련된 불안 증상은 만성적일 수 있으며, 특별한 경우 일생 동안 지속되기도 한다. 연구에 따르면 한 해 미국 성인의 약 3%가 외상 후 스트레스 장애로 고통 받고 있다.(케슬러 외. 2005) 그렇다면 급성 스트레스 장애를 겪고 있는 사람의 비율 역시 그와 비슷하거나 그보다 더 많다고 추측할 수 있다.

| 강박 장애(Obsessive-Compulsive Disorder : OCD)

강박 장애를 겪고 있지 않다고 해도 『이보다 더 좋을 순 없다』와 같은 영화 등을 통해 강박 장애가 무엇인지 어느 정도는 알 것이다. 하지만 실제로 강박 장애를 앓고 있다면 강박 장애를 바라보는 대중 매체의 시선에 쉽게 웃음을 터트리지는 못할 것이다.

강박 장애는 특정한 생각에 대한 강박으로 나타나는 행동 양식인데, 종종 강박적 사고를 없애기 위해 강박적 행동을 지속하는 형태로 나타난다. 〈종종〉이라고 한 이유는 심리학자들이 강박 장애의 한 형태로 순수강박사고 유형을 따로 분류하기 때문이다. 순수강박사고로 괴로워하는 사람들은 성적이거나 폭력적인 생각, 종교적으로 부적절한 생각이 끊임없이 떠올라 괴로워하지만, 강박 장애에서 볼 수 있는 것처럼 눈에 띄는 강박적 행동은 하지 않는다. 순수강박사고 유형이 강박적 행동을 전혀 수반하지 않는지, 아니면 잘 드러나지 않는 정신적인 충동이 뒤따르는지에 관해서는 논란의 여지가 많다. 은밀한 충동까지 포함해 가장 대표적인 강박 행동은 오염이나 감염에 대한 강박으로 끊임없이 손을 씻고 청소를 하는 행동이나, 화재나 도난에 대한 생각을 떨치지 못해 가스 불을 껐는지 문이 잠겼는지 끊임없이 확인하는 행동 등이다. 물건을 버리지 못하거나 돌보지도 못할 만큼 많은 동물을 무턱대고 사육하는 것, 끊임없이 잘못을 고백하고 싶은 충동 등도 강박적 행동이라고 할 수 있다. 강박 장애는 비교적 흔치 않은 장애로 한 해 미국 성인 중 1%퍼센트가 이에 해당된다.(케슬러 외. 2005)

| 범불안장애(Generalized Anxiety Disorder : GAD)

막연한 사건이나 상황에 대해 과도하게 자주 걱정한다면 범불안장애라고 할 수 있다. 범불안장애를 겪고 있는 사람은 걱정을 유발시키는 특정한 상황이나 두려워하는 특정한 결과를 정확히 지적하지는 못하지만, 삶이 크게 잘못 될지도 모른다는 생각에 사로잡혀 스트레스를 받는다. 이와 관련된 신체적 증상은 빠르고 불규칙적인 심장박동, 어지럼증, 안절부절못함, 근육의 긴장, 성급함, 수면 부족 등이 있다. 로널드 케슬러를 비롯한 학자들은 미국 성인의 약 3%가 이 장애를 앓고 있다고 추정했다. 흥미롭게도 미국 성인들이 겪는 가장 흔한 불안 장애는 특정 공포증이지만, 60세 이상 성인들에게 가장 흔한 불안 장애는 범불안장애로, 한 해 60세 이상 인구의 11%가 이를 앓고 있다고 한다.(캘리오와 스탠리 2008)

✿불안의 기능

자, 위에서 열거한 불안 장애 중에 하나라도 해당되는 것이 있는가? 하나도 없다면 축하한다. 당신은 불안으로 인한 문제가 없는 것이다.

물론 농담이다. 사실 누구든 하나 이상의 불안 장애를 겪고 있을 확률이 높다. 증상이 그리 심각하지는 않더라도 말이다. 그러나 분류는 분류일 뿐이다. 1989년에 개봉한 영화 『꿈의 구장』에서 케빈 코스트너는 이렇게 말했다. '우선 지어라. 그러면 사람들이 찾아올 것이다.' 인간은 사물을 분류해서 행과 열을 맞춰 표 안에 집어넣고 싶어 하는 경향이 있다. 일단 불안 장애의 종류를 나눈 다음에는 빈 칸을 채워 넣고 싶어 한다. 하지만 분류해 이름표를 붙이는 것으로는 큰 그림을 볼 수 없다. 큰 그림은커녕 일부도 파악하기 어렵다.

그렇다면 분류하고 구분하는 작업은 왜 하는 것일까? 예로부터 정신 건강을 다루는 직종이 의학에서 뻗어 나온 분야였기 때문이다. 인간의 마음은 대상을 분류해 표를 만들고 싶어 한다는 것과 일단 표를 만들면 이를 채우고 싶어 한다는 것을 기억하라. 의학에서는 진단 범주를 나누는 것이 합리적이다. 의사를 찾아가 목이 따끔거리고 편도선에 흰 반점이 생기고 부어올랐다고 불평하면 의사는 인후부의 조직을 떼어내 검사를 할 것이다. 검사 결과 화농성 연쇄구균이 발견되면 패혈증 인두염에 감염된 것이고, 의사는 항생제를 처방해 줄 것이다. 또 담벼락에서 떨어진 후에 팔이 붓고 아프다고 불평하면 검사실에 들어가 엑스레이를 찍어 아래팔 바깥쪽에 있는 요골이 부러졌는지를 확인한 다음 깁스를 해줄 것이다.

그러나 불안과 같은 정신 건강 문제에 대해서는 발병여부를 판단하는데 도움이 될 만한 신체적 징후가 없다. 불안에 관한 세균이나 바이러스, 유전자에 관한 테스트는 없다. 적어도 지금까지 우리가 알고 있는 바에 따르면, 불안과 같은 정신 건강 문제는 생물학적 혹은 유전적 작용에 직접적인 영향을 받는 것이 아니기 때문이다. 정신 건강 문제는 인지적, 행동적, 생물학적, 환경적 요인의 복잡한 상호작용에 의해 발생하며, 그 조합이 바로 우리 삶을 힘겹게 하는 것이다. 이처럼 정신 건강 문제는 매우 복잡한 문제이기 때문에 가까이 들여다보면 구분하기가 거의 불가능하다고 할 수 있다.

앞서 언급했던 급성 스트레스 장애의 예를 들어보자. 어떤 사람이 끔찍한 자동차 사고를 목격했다. 그리고 그 후로 밤에 잠을 잘 수 없다. 일을 하려 해도 그 사고가 생생하게 다시 떠올라 불안하고 집중할 수도 없다. 자동차나 고속도로를 피하려고 하다가 일자리를 잃을지 모르며, 학교로 아이들을 데리러 갈 수도 없다. 타인의 눈에는 실제로 사고를 목격했던 바로 다음 날과 두 달 후의 그의 상태가 하나도 다르지 않을 수 있지만, 그는 틀림없이 그 사고 때문에 고통 받고 있으며, 진단 기준에 따르면 시간차에 따라 그가 겪고 있는 장애도 다르다고 할 수 있다.

불안과 같은 정신 건강 문제는 복잡한 문제다. 개개인에게 각기 다른 모습으로 나타나고, 가능한 행동 양식의 범위도 엄청나게 넓다. 이 믿기 힘든 다양성 때문에 정신 건강 문제에 대해 의미 있는 방법으로 확실하게 이야기하기는 힘들다. 정신 질환에 대해 이야기하기도 어렵지만 정확히 어떤 상태가 정상인지, 정신 건강의 기준이 되는 상태가 무엇인지 밝히기는 그보다 더 어렵다. 편도선에 화농성 연쇄구균 박테리아가 엄청나게 많은 것은 비정상이다. 뼈가 부러진 것도 마찬가지로 정상이 아니다. 하지만 어느 정도 걱정하는 것이 〈정상〉이라고 과연 말할 수 있는가? 특정 상황에서 얼마만큼의 두려움이 〈적당〉한 것일까?

여기서 이야기하고자 하는 바는, 전문가들이 진단하는 불안 행동의 〈형태〉에 집중할 때 놓치게 되는 것이 있다는 것이다. 형태는 일부일 뿐이다. 그렇다면 우리는 약간 다른 시각으로 접근해보기 위해 불안이 삶에서 수행하는 〈기능〉에 대해 살펴보도록 하자.

| 인간은 불확실한 것을 싫어한다.

시작하기 전에 바보 같은 게임을 하나 해 보자.

제목 : 조사 '가'는 두 개 일까, 아닐까

준비물 : 지금 읽고 있는 책

난이도 : 하

게임을 시작하기 전에 한 가지 약속할 게 있다. 규칙을 읽고 이해한 다음 최소한 2분 동안 이 게임을 지속해야 한다.

게임의 목표는 이 책 104쪽의 첫 번째 줄에 '가'라는 조사가 두 개인지 아닌지 확실히 결정하는 것이다. 시간제한은 없으며 세 가지 규칙만 지키면 된다. 첫째, 104쪽의 첫 번째 줄에 조사 '가'

가 두 개 인지 아닌지 지금은 몰라야 한다. 누가 알겠는가? 책을 앞뒤로 이리저리 훑어보면서 아주 세세한 부분까지 세심하게 관찰해 기억하는 그런 독자라면 또 모를까. 둘째, 104쪽에 뭐라고 쓰여 있는지 어떤 수단을 동원해 미리 살펴보거나 조사하거나 넘겨봐도 안 된다. 다른 사람한테 부탁하거나 알려달라고 해도 안 되고 도구를 사용해도 안 된다. 103쪽을 밝은 불빛 아래 펼쳐놓고 뒷면이 비치는지 살펴봐도 물론 안 된다. 셋째, 그냥 빨리 끝내려고 대충 추측해도 안 된다.

우리가 제안한 시간은 2분이지만 원한다면 더 길게 해도 좋다.

아, 한 가지 더 있다. 게임을 하는 동안 머릿속에 떠오르는 생각과 몸에서 느껴지는 감각에 집중해 보아라. 그 이유는 잠시 후에 알게 될 것이다.

자, 결과가 어떻게 되었는가? 바보 같은 게임이라고 하지 않았는가? 솔직히 게임이라고 할 수도 없다. 게임의 역할은 쉽게 답을 찾을 수 없는 조건에서 〈예〉나 〈아니오〉로 대답할 수 있는 질문에 확실한 답을 찾고 싶어 하는 마음이 들게 하는 것이다. 다시 말하면, 게임은 아주 단순하고 불확실한 상황으로 우리를 끌어들인다. 또 다시 말하자면 게임은 삶에서 마주하는 다양한 상황, 불안을 느낄 수 있는 모든 상황을 몹시 단순화 한 축소판이라고 할 수 있다.

104쪽을 정말 펼쳐보고 싶지 않은가? 처음에는 자신이 금욕

주의자라도 된 듯한 느낌이 들었을 것이다. "답을 어떻게 알겠어? 그냥 2분 동안 기다리다가 넘어갈래."라고 생각했을지도 모른다. 하지만 인간의 뇌는 불확실성을 싫어한다. 불안 때문에 고통 받는 사람들은 그러한 상황을 더욱 싫어한다. 그리고 싫어할 만한 충분한 이유도 있다. 아니, 적어도 그 이유가 확실했던 적은 분명히 있었다.

| 곰일까 블루베리일까?

만약 집에 불이 나거나 주식 시장의 붕괴로 전 재산을 잃는다면 큰 충격을 받을 것이다. 하지만 집에 불이 날지도 모르고, 재정 상태가 나빠질 수 있다는 생각만으로도 당황하거나 불안해질 수 있다. 인간은 어떤 일이 실제로 잘못되었을 때뿐만 아니라, 잘못될지도 모른다는 생각만으로도 고통을 받을 수 있다. 사실 인간은 일어날 수도 있고 그렇지 않을 수도 있는 고통보다 예측 가능하고 확실한 고통을 더 선호하는 경향이 있다. 꼭 인간만 그런 것도 아니다.

인간이 아닌 우리의 털북숭이 친구들도 고통을 예측할 수 있는 환경을 더 좋아한다는 실험 결과가 있다.(애보트 1985; 바디아, 하쉬, 애보트 1979) 실험용 쥐 우리 바닥에 전기 충격 장치를 설치했다. 그리고 발로 밟으면 불규칙적인 전기 충격을 규칙적으로 바꿔주는 지렛대를 설치했다. 실험용 쥐들은 예상대로 지렛대를 밟아 충격을 예측할 수 있는 상황을 만들었다. 그리고 그 행동을 학습한 쥐들은 지렛대를 밟기 전후 전기 충격의 횟수와 강도, 지속 기간을 동일하게 바꿔 줘도 계속 해서 지렛대를 밟았다.

인간도 예측 가능하고 확실한 것을 선호하는 것은 마찬가지다. 그 이유를 알아내는 것은 어렵지 않다. 지구상의 다양한 종의 생존법은 각기 다르다. 개구리를 한 번 보자. 개구리는 수천 개의 알을 낳지만 그 중 대부분이 다른 생물의 먹이가 되거나 다 자라기 전에 죽는다. 개구리의 생존 방식은 이에 맞춰져 있어, 알 수천 개나 올챙이 수천 마리가 잡아먹힌다고 해도 유전자의 생존은 크게 위협받지 않는다. 하지만 인간은 그렇지 않다. 우리는 한 번에 한 명씩 낳거나 많아야 둘에서 셋이고, 그것도 몹시 드문 경우다. 임신 기간도 아홉 달이나 되기 때문에 아기의 탄생은 인간이라는 종에게 매우 극적인 사건이다. 갓 태어난 아기들은 5년 내지 7년까지는 몹시 무력하며, 성적으로 성숙하기까지는 약 13년 정도의 시간이 필요하다. 진화론적 관점으로만 살펴봐도 인간에게 아기가 한 명이라도 잡아먹히는 사건은 결코 유쾌한 일은 아니다. 인간의 아기를 키워서 독립시키는 것은 무척 힘든 일이다. 인간 유전자의 미래는 자손 한 명 한 명에게 그 막중한 책임이 있다. 그래서 인간을 비롯해 번식력이 비교적 낮은 모든 생물에게 개체 각각의 생존을 보장해주는 유전 형질은 매우 소중하다고 할 수 있다.

자, 그렇다면 도처에 적들이 도사리고 있는 위험한 세상에서 불확실성과 생존의 관계에 대해 살펴보자. 초원 한 가운데 있는 동굴에 두 사람이 살고 있다. 어느 날 두 사람은 지평선 너머의 어렴풋한 형체를 본다.

"저거 곰이야, 블루베리 덤불이야?" 한 사람이 묻는다.

"블루베리 덤불 같아." 다른 사람이 대답한다.

첫 번째 사람이 약간 망설이며 이렇게 말한다.

"글쎄, 곰일지도 몰라."

"아니야, 정말 블루베리 덤불 같아."

"혹시 모르니까 난 다시 동굴로 들어갈래."

두 번째 사람은 대수롭지 않다는 듯 발걸음을 서둘렀다. 그리고 잠시 후에 배를 두드리며 동굴로 돌아와 블루베리가 얼마나 맛있었는지 쉬지 않고 떠들어댔다.

"지금까지 먹어본 블루베리 중에 가장 크고 달콤한 블루베리였어! 너무 많이 먹어서 움직일 수도 없었다니까!"

그날 밤 첫 번째 남자는 약간 우울하고 배가 고픈 채 잠이 들었다. 이러한 상황이 몇 번이고 반복된다고 생각해보라. 첫 번째 남자는 매번 그 어렴풋한 형체가 곰일지도 모른다고 생각해 동굴 안으로 들어가고, 두 번째 남자는 그 유령 같은 형체가 지난번과 마찬가지로 또 다른 블루베리 천국이라는 강한 확신을 보인다.

그러던 어느 날, 여느 때처럼 그런 의심과 확신을 교환한 후, 두 번째 남자는 블루베리 바구니를 들고 지평선을 향해 경쾌하게 걸었다. 그러나 이번에는 금방 돌아오지 않는다. 결국 밤이 왔고 아침이 되어도 블루베리를 사랑하는 우리의 친구는 감감 무소식이다. 블루베리 점심을 한 번도 먹어 보지 못한 첫 번째 친구는 조금 더 기다리다가 결국 친구의 돌도끼를 모아 놓은 동굴 반대편의 은신처로 들어간다. 은신처에는 그와 함께 아이를 낳을 여자 친구도 있다.

고대의 선조들은 앞에서 했던 게임과 같은 상황을 늘 마주했을 것이다. 바로 어떤 경우인지 확신할 수 없는 상황이다. 지평선 너머의 형체는 곰일 수도 있고 블루베리 덤불일수도 있다. 정확히 무엇인지 알아내는 유일한 방법은 직접 가서 눈으로 확인하는 것뿐이다. 어렴풋한 형체를 향해 자꾸 가다 보면 결국 곰일 수도 있을 테고, 그렇게 되면 바로 곰의 점심 식사가 되는 것이다.

하지만 알을 수천 개 씩 낳는 개구리라면 상황은 아까와 많이 다를 것이다. "23,423번째 아가야, 가서 저게 무엇인지 좀 보고 오렴!"이라고 말할 수도 있다. 하지만 우리는 개구리가 아니다. 인간의 유전자가 대대로 이어지려면 우리는 비교적 오랫동안 살아남아야 한다. 진화론적 관점에서 인간에게 가장 중요한 사실 하나는 곰의 점심 식사가 되는 것보다 점심을 거르는 편이 더 낫다는 것이다. 점심은 몇 번이고 거를 수 있지만, 점심 식사가 되는 것 한 번으로 목숨이 끝날 수 있다.(어쩌면 저녁 식사와 아침 식사까지 될 수도 있겠지만 그것은 온전히 곰에게 달렸다.)

우리는 안전을 택해 다시 동굴로 돌아간 선조의 후손의 후손의 후손들이라고 할 수 있다. 불확실한 세상에서 수백 만 년 동안 진화하는 동안, 인간은 불필요한 배짱과 경솔함을 버려야했다. 지금 우리를 이루고 있는 유전 물질을 전달한 선조들은 경계심 덕분에 살아남은 것이다. 그들은 나쁜 것은 나쁜 것이고, 불확실한 것도 나쁜 것이라고 생각했던 사람들이었다.

시각적인 것을 선호한다면 다음 표를 보라. 선조들의 선택권은 다음과 같았다.

	블루베리 덤불이다.	곰이다.
블루베리 덤불이 틀림없어.	점심을 먹는다.	점심이 된다.
곰인 게 틀림없어.	점심을 굶는다. (그리고 살아남는다.)	점심이 되지 않는다. (그리고 살아남는다.)

그 결과, 인간은 불확실함 자체를 싫어하고, 가능하다면 빨리 해결하고 싶어 하며, 해결할 수 없다면 피해야 할 대상으로 받아들인다. 불안으로 힘겨워 하는 사람들에게 불확실함은 엄청난 고통이 될 수 있다. 그리고 이를 피하기 위해 막대한 노력을 기울인다. 그 노력이 커다란 해가 될 수도 있다는 것을 알면서도 말이다.(물론 모든 가정에는 예외가 있다. 불확실성을 몹시 싫어하는 유기체

에게도 불확실성을 전혀 싫어하지 않는 유기체와 마찬가지로 불리한 점은 있다. 후자가 곰의 점심이 되어 사라진다면 전자는 동굴 앞의 공터에서 배고픔에 지쳐 죽을 수도 있다. 또한 대체로 불안함을 많이 느끼는 사람도 불확실한 상태를 아주 잘 견디는 분야가 있기 마련이다. 여기서는 일반론에 대해서만 이야기하고자 한다.)

헤로인에 중독된 사람이 약물을 끊고 새 출발을 하기 위해 노력한다고 생각해보자. 헤로인을 끊겠다고 결심한 바로 그 순간부터 그는 몹시 불확실한 상황의 한 가운데 서 있게 된다. 잘 버틸 수 있을 것인가? 아니면 다시 약물에 손을 댈 것인가? 과연 견딜 수 있을 것인가? 견디지 못할 것인가?

정답은 아무도 모른다. 앞에서 했던 게임과 비슷하지만 부정행위를 하거나 정답을 미리 볼 수 없는 상황이다. 무엇에 중독된 사람에게는 미래를 내다볼 수 있는 수정 구슬이 없다. 확신할 수 있는 한 가지는 그 참기 힘든 불확실성을 제거하려면 팔에 다시 주사 바늘을 꽂는 방법 밖에 없다는 것이다. 바로 그 순간 불확실성에서 벗어나 잠시나마 짧은 안도감을 느낄 것이다. 그리고 언제나 그렇듯 그 순간으로 충분하다. 약물 복용은 해로우며 한 번 복용할 때마다 삶의 가능성이 빠져나간다는 것을 아느냐 모르느냐는 별로 중요하지 않다. 이를 통해 우리는 모든 사람들에게 가끔은, 어쩌면 몇몇 사람들에게는 언제나, 불확실성으로 인한 고통이 가장 파괴적인 행동으로 인한 고통보다 더 클 수도 있다는 사실을 충분히 이해할 수 있다.

앞에서 했던 바보 같은 게임은 그저 맛보기였다. 진짜 게임은 바로 이것이다. 누구나 알다시피 불확실성은 약물 중독으로 괴로워하는 사람들에게만 해당되는 문제는 아니다. 선택의 순간에 불안함을 느꼈던 상황에 대해 생각해 보아라. 특히 걱정스러웠던 중요한 사건에 대해 생각해보아라. 결혼을 해야 할까? 이혼 하는 게 나을까? 아이를 낳을까? 직업을 바꿀까? 새로운 사업을 시작해야 하나? 불안에 관한 특정한 경험에 반드시 구체적인 결과가 수반되어야 하는 것은 아니다. 불안을 느꼈던 상황을 떠올려 보아라. 차를 몰고 고속도로에 들어서거나 엘리베이터에 올라 탈 때 극심한 공포를 느낄지도 모른다. 더러운 손잡이나 난간을 잡는 것이 불안할 수도 있다. 그리고 그 불안함을 느끼기 바로 직전을 떠올려보아라. 고속도로 진입 차선에 들어서기 직전, 엘리베이터가 도착하기를 기다리는 순간, 감염되지는 않을까 걱정스러워하며 문이나 계단을 향해 걷는 바로 그 순간 말이다.

그 중에서 자신한테 특히 중요하다고 생각하는 한 가지 상황에 대해 곰곰이 생각해보아라. 의식적으로 답을 찾으려 하지 말고, 섣불리 평가하거나 결론에 도달하려 하지도 말라. 정답을 찾고 싶은가? 아니면 그 상황에서 불안했던 마음이 느껴지는가? 결정하거나 결론을 내리려 하기보다는 마음이 어디로 향하는지 지켜보아라. 결정을 내리고 싶거나 장단점을 따져보고 있다면 그 과정을 잠시 멈추고 다시 질문으로 돌아가라. 단어 하나하나를 주의 깊게 들으며 조용히 질문을 반복해 보아라. "글쎄, 그렇게 하고 싶지는 않아." 혹은 "그래, 그게 좋겠어."라고 성급하게 결론을 내리고 있다면 불확실한 미래에 대해 단언하고 있다는 것을 알아차려라. 가장 그럴듯한 결론에 도달할 수도 있지만, 가끔은 전혀 예상치 못한 일이 발생하기도 한다. 결정을 하거나 결론을 내리고 있다는 것을 깨달을 때마다 다시 질문으로 돌아와 조금 더 생각해보아라 그리고 몇 분 동안 가만히 느껴보아라. 얼마나 빨리 다음 단계로 넘어가고 싶어 하는지 느껴보아라.

이 게임의 목표는 불안한 감정을 없애기 위해 심리치료에서 흔히 사용하는 〈노출〉 작업과 비슷하지만, 정확히 말하자면 〈노출〉은 아니다. 이 게임의 목표는 불확실한 상황에서 몸과 마음이 어떻게 반응하는지 세심하게 느껴보는 것이며, 그 불확실한 상황에 대처할 심리적 유연성을 기르는 것이다. 자, 여러분은 어떤가? 성급하게 결론으로 내달리는가? 자기 자신과 싸우는가? 아니면 내면의 소리를 아예 무시하는가? 불안한 감정을 수용하는 것은 불안에서 해방된 삶을 위한 중요한 첫걸음이자, 답이 없는 질문에 답하고자 하는 충동에 저항하는 것이다.

| 대안 : 불확실성 받아들이기

우리가 삶에서 소중히 여기는 것은 대부분 불확실할 가능성이 크고, 그 불확실성을 받아들이지 못하면 이를 없애기 위해 노력하다가 불행한 결말을 맞게 될지도 모른다. 더 쉽고 정확하게 말하자면, 항상 불안을 느끼며 불안 때문에 고통 받게 될 것이다.

불확실성을 사랑한다는 것은, 무슨 뜻인지 선뜻 이해하기 어렵겠지만 매우 강력한 행동이다. 여기서 사랑이란 사랑에 빠진다거나 누군가를 사랑하고 있을 때의 감정이 아니다. 여기서의 사랑은 행동으로서의 사랑이다. 누구든 불확실성을 소중히 여기고 받아들이는 법을 배울 수 있다. 집으로 초대해 레모네이드를 대접하고 담소를 나누며 무슨 말을 하고 있는지 귀 기울일 수 있다. 그러다 보면 불확실성의 한 가운데에서 다른 어디서도 보거나 경험할 수 없는 것들을 발견할 수 있을 것이다. 이는 다소 추상적인 개념으로 산문보다는 시로 표현하는 편이 더 나을 것이다. 물론 시가 당신에게 말을 걸기까지는 충분한 시간이 필요할지도 모른다.

회전하는 세계의 정지하는 한 점에, 육(肉)도 비육(非肉)도 아닌 그 곳으로부터도, 그 곳을 향해서도 아닌,

정지점 거기에 무도(舞蹈)가 있다.

그러나 정지도 움직임도 아니다. 고정이라고 불러서도 안 된다.

과거와 미래가 합쳐지는 점,

그 곳으로부터, 또는 그 곳을 향한 움직임도 아니고,

상승도 하강도 아니다.

그 점, 그 정지점 없이는

무도는 없다. 거기에는 무도만 있다.

     - T. S. 엘리엇, 『번트 노튼』

    우선은 불확실성에 대해 조금 더 생각해보자. 이미 많이 설명했으니 벌써 독자들의 마음에 와 닿는 부분도 있을 것이다. 하지만 지금 당장이나 앞으로 조만간 불확실성을 확실히 받아들이기 위해 애쓸 필요는 없다. 인간이 불확실성을 쉽게 받아들이기 힘든데에는, 바라거나 노력한다고 되지 않는 근본적인 문제가 있다. 또한 인간과 불확실성의 관계를 통해 인간이 왜 불안과 싸우고 있으며, 어떻게 불안에서 빠져나올 수 있는지도 어느 정도 이해할 수 있을 것이다. 이 책의 뒷부분에서 ACT의 여섯 가지 영역과 접근 방식에 대해 논하면서 불확실성에 다가가는 방법에 관한 재미있는 사실 또한 발견할 수 있을 것이다. 지금은 우선 불안의 또 다른 중요한 기능에 대해 알아보자. 바로 〈문제 해결〉이다.

● 문제 해결의 문제

인간이라면 누구나 해결해야 할 문제가 있다. 아주 간단한 명상만으로도 인간과 문제 해결을 따로 떼어놓을 수 없다는 것을 확인할 수 있을 것이며, 인간이 어떤 문제를 갖고 있는지 확실히 관찰할 수 있을 것이다.

제목 : 문제 해결의 악순환

준비물 : 없음.

난이도 : 하 (매우 어려울 수도 있음)

이 게임을 위해 따로 준비할 것은 없다. 숨 쉬는 방법과 하나부터 열까지 세는 법을 알고, 앉아 있을 수 있으면 된다. 이 게임은 바쁘지 않고 시간 여유가 있을 때 하는 것이 좋다.

먼저 편한 자세로 앉아 가볍게 두 눈을 감는다. 그리고 숨을 들이쉬고 내쉴 때마다 숫자를 센다. 열까지 세고 나면 다시 하나로 돌아간다. 그러면서 무슨 일이 일어나는지 지켜본다.

'자, 시작해 볼까. 하나, 둘. 어, 이렇게 앉으니 등이 좀 아프네.'
몸을 좀 움직여 등이 아픈 문제를 해결한다.
'그래, 이제 좀 낫네. 하나, 둘, 셋. 이번에는 무릎이 아프네.'

자세를 바꿔 무릎이 아픈 문제를 해결한다.

'그래, 이렇게 앉으니 훨씬 좋네. 자, 다시 시작해보자. 하나, 둘, 셋, 넷. 오오, 이번에는 꽤 잘되는 걸. 느낌이 좋아. 어, 어디까지 셌더라?'

그리고 방황하는 마음을 다잡는다. 문제는 끝이 없다. 호흡을 하면서 마음이 얼마나 쉽게 문제를 찾아 나서는지 느껴보아라. 그리고 문제가 없어 보이면 문제를 만들어 내기라도 한다는 사실을 느껴보아라.

사람들은 단순한 일도 어떻게든 해결해야 할 문제로 바꾼다. 이는 틀림없는 사실이라서 맥박이 뛰는 인간이라면 누구나 문제를 갖고 있다고 할 수 있다. 만약 문제가 하나도 없다면 일분만 기다려 보아라. 문제를 해결하고자 하는 인간의 능력에는 거의 한계가 없다. 물론 여러 가지 문제를 잠시 미룰 수는 있다. 하지만 인간이 문제를 해결하고자 하는 마음을 쉽게 놓아버릴 수 있었다면, 같은 말을 계속 반복해 중얼거리거나 가만히 앉아서 호흡하는 것과 같은 간단한 기술, 즉 문제를 해결하고자 하는 마음에서 잠시라도 벗어날 수 있는 기술을 가르치기 위한 수백 가지 명상법도 없었을 것이다.

| 문제해결의 축복과 재앙

불확실성의 경우와 마찬가지로, 인간이 본능적으로 문제를 해결하고 싶어 하는 데에는 아주 그럴듯한 진화론적 이유가 있다. 초원에서 살았던 고대 선조들 이야기로 다시 돌아가 보자. 따뜻한 여름 날 두 사람이 초원에 있다. 한 사람은 지금 우리처럼 본능적으로 문제를 해결하고 싶어 하는 사람이다. 또 한 사람은, 유전적으로 명상을 좋아하고 문제를 해결하고자 하는 마음에서 벗어나려는 성향이 강하다. 첫 번째 남자는 늘 불안하고 조마조마하며 걱정이 많다. 그래서 그런지 늘 찡그린 얼굴이다. 배에서 꼬르륵 소리가 난다고 걱정하고, 지난 밤 동굴에서 들었던 으르렁거리는 소리에 대해 걱정한다. 수풀을 박차고 일어나 먹을거리나 과일이 없는지 주변을 살핀다. 언덕에 올라가 무시무시한 호랑이가 어슬렁거리지는 않는지도 살필 것이다. 그 동안 두 번째 남자는 양반다리를 하고 나무 밑에 앉아 명상을 한다. 그는 마음이 안정되어 있으며, 늘 행복하고 동굴 파티에서도 인기가 많다.

끔찍할지도 모르는 이 이야기의 빤한 결말을 굳이 설명할 필요는 없을 것이다. 공터에서 한가롭게 거닐다가 사자가 포효하는 소리를 들었을 때, 두 사람의 반응은 다음 세대까지 전해질 그들의 유전자와 큰 관계가 있을 것이다. 갑작스런 사자 울음소리를 들은 첫 번째 남자는 오직 바위틈의 구멍으로 달려 들어가는 것만 생각할 것이다. 두 번째 남자 역시 달리기 시작하겠지만, 갑자기 멈춰 서서 발밑에 있는 풀의 감각과 얼굴로 달려드는 시원한 바람을 느끼며, 들고 나는 자신의 호흡을 의식할지도 모른다. 그리고 그러다가 사자한테 게걸스레 잡아먹히고 말 것이다. 살아남는 것 자체가 곧 투쟁이며, 음식이 부족하여 인간보다 더 크고 힘 센 동물들에게 인간이 곧 음식인 환경에서는 문제를 해결하고자 하는 유전자가 우세하다는 사실이 몹시 다행스러운 일이다.

진화론적으로 우리는 늘 찡그린 얼굴로 불안해하던 첫 번째 남자의 자손의 자손들로 여기 앉아 있는 것이다. 지금 이 순간 존재하고 과거에 존재했으며 미래에 존재할지도 모르는 모든 문제를 찾아 해결할 만반의 준비를 갖추고 있던 첫 번째 남자 말이다. 한 가지 좋은 점은 문제를 해결하고자 하는 이런 성향 덕분에 인간이 사실상 반박의 여지없는 우주의 주인이 되었다는 것이다. 인간은 시구 구석구석까지 퍼져 나가, 살아남을 수 있는 능력에 대해서라면 지구상에 존재하는 모든 종을 뛰어넘을 수 있게 되었다.

물론 나쁜 점도 있다. 이 놀라운 능력을 얻으면서 치러야 할 대가 역시 컸다. 바로 문제를 찾아 해결하고자 하는 욕구를 쉽게 통제할 수 없다는 점이다. 인간이 마주하는 대부분의 〈위협〉이 본질적으로 심리적인 문제인(그게 아니라면 적어도 단순한 문제 해결 방식으로는 쉽게 해결할 수 없는 문제인) 현재의 상황에서, 문제 해결 욕구를 쉽게 통제할 수 없다는 것은 가치 있고 의미 있는 삶을 추구하는 인간의 능력에 심각한 장애가 될 수 있다. 우리는 근본적으로 해결할 수 없는 문제를 해결하기 위해 엄청난 시간을 허비한다. 역설적인 것은 이러한 상황에서도 문제를 해결하고자 하는 인간의 노력이 우리가 원하는 방향으로 우리를 이끄는 것처럼 〈보인다〉는 것이다. 늘 불안해하는 경향을 〈단호하게〉 물리치자고 결심했던 적이 누구나 있을 것이다. "됐어. 이제 그만! 그 문제에 대해 걱정하느라 더 이상 시간을 낭비하지 않겠어."하고 말이다. 그러면서 늘 불안해하는 문제를 〈해결〉하려고 한다. 하지만 얼마나 효과가 있었는가? 아마 거의 없었을 것이다.

문제 해결에 관한 문제는 우리가 문제를 해결하려고 고심하는 동안, 그 문제를 제외한 나머지 세상이 사라져버린다는 것이다. 문제는 이런 식으로 인간의 의식 전반을 장악하게 된다.

| 원시인과 은신처

늘 불안해하며 문제를 해결하기 좋아했던 선조의 이야기로 다시 돌아가 보자. 오늘은 여느 때보다 날씨가 좋아서 배를 채우고 양지바른 풀밭에 누워 있다. 부드러운 풀잎의 감촉을 느끼며 파란 하늘을 바라본다. 한 여름의 맑은 공기가 코끝을 간질이고 얼굴로는 따스한 볕이 내리쬔다.

그런데 그때, 갑자기 그가 늘 두려워했던 호랑이가 어딘가에서 울부짖기 시작한다. 풀잎의 감촉, 파란 하늘, 맑은 공기, 따스한 햇살에 대한 그의 감각은 어떻게 될까? 사라진다. 바로 그 순간 울부짖는 호랑이와 가까이 있는 바위 구멍으로 안전하게 몸을 숨길 수 있는 방법에 대한 생각 외의 모든 의식은 사라진다. 호랑이의 몸집보다는 조금 더 작고, 호랑이의 발 길이보다는 조금 더 깊은 구멍으로 재빨리 피해야 한다. 우리의 원시인 친구에게 지금 이 순간 중요한 것은 오직 호랑이와 몸을 숨길 구멍뿐이다. 좋은 소식은 눈앞에 닥친 문제를 해결하는데 쏟았던 집중력 덕분에 그 친구가 살아남을 수 있었고, 그의 유전자가 오랜 시간을 거쳐 전해져 내려와 결국 당신이 이 책을 사서 읽고 있다는 것이다.

나쁜 소식은 비교적 안전하고 풍요로운 지금 이 시대에 우리가 마주하는 많은 문제는 모든 면에서 배고픈 호랑이의 위협과 비슷해 보이지만, 실제로는 매우 다르다는 것이다. 배고픈 호랑이 앞에서 꾸물거리다가는 어떻게 되는가? 당연히 잡아먹힐 것이다. 하지만 걱정이나 두려움, 공포를 제 때 해결하지 않으면 어떻게 되는가?

이렇게 말하고 싶을지도 모른다. "비유하자면 잡아먹힌다고 할 수 있지요. 그 감정에서 헤어나지 못하고 불안한 마음이 점점 심해진다는 면에서요." 물론 그럴 수도 있고 아닐 수도 있다. 이 점에 대해서는 나중에 더 자세히 설명할 것이다. 하지만 비유적으로 잡아먹히는 것과 실제로 잡아먹히는 것 사이에는 누구나 묘사하고 설명하고, 또 상상할 수 있는 아주 중요한 차이가 있다는 것을 독자들도 인정할 수 있지 않을까? 그 정도의 차이만 인정한다면 불안을 유발시키는 상황에서 가능한 한 빨리 도망가지 않는 것도 한 가지 방법이 될 수 있다는 생각 역시 받아들일 수 있을 것이다.

하루 종일, 일주일 내내 문제를 해결하기 위해 씨름하는 것이 살아가는 데 있어서 최선의 방법이 아니라면? 하루 종일, 일주일 내내 문제를 해결하기 위해 씨름하는 것이 우리 앞에 놓인 대부분의 문제를 해결하는데 있어서조차 최선의 방법이 아니라면?

| 대안 : 수학 문제와 저녁노을

삶의 여러 가지 문제, 예를 들어 불안과 같은 문제를 해결하지 않는다면 그 문제에 어떻게 대처해야 할까? 문제는 결코 스스로 사라지지 않는다.

문제를 받아들이려고 노력하는 것도 방법이 될 수 있을 것이다. 이에 대해서는 ACT의 여섯 가지 영역 중 하나인 「맥락으로서의 자아」에 대해 논할 8장에서 더 자세히 알아보겠지만, 지금 간단히 언급하자면 다음과 같다.

불안은 삶에서 일어나는 어떤 현상이다. 불안은 경험의 일부이다. 그리고 불안은 당신을 형성한다. 어떻게 그렇지 않을 수 있겠는가? 당신을 형성하는 이 힘의 미묘한, 그리고 또한 미묘하지 않은 특징을 시간을 두고 천천히 받아들인다면 어떨까?

삶의 몇 가지 문제가 수학 문제와 비슷하다고 생각해보자. 우리는 그 문제를 해결하기 위해 노력한다. 문제가 어렵다면 시간을 조금 더 투자한다. 너무 어려워서 포기하고 돌아서는 문제도 물론 있다. 하지만 삶의 문제는 수학 문제처럼 딱 들어맞지 않는다. 그렇지 않은가? 불안을 몰아내기 위한 노력은 어떤가? 아무리 노력해도 정답을 찾지 못한 적이 있지 않았는가? 포기하고 돌아서고 싶어도 머릿속에서 비롯된 문제에서는 등을 돌리기도 쉽지 않다. 그렇지 않은가? 살면서 만나는 사람들은 어떤가? 해결해야 할 사람들이 있는가? 아니면 당신이 다른 사람의 문제가 된 적은 없는가? 어쩌면 방에 들어서는 모습을 보고 당신의 불안을 눈치 채는 사람도 있을 것이다. 또한 사람들의 태도가 달라진 것을 당신이 알아챌 수도 있다. 방에 들어서는 당신을 보고 사람들이 당신의 불안을 알아채는가? 아니면 그저 반가워하는가? 그것도 아니라면 당신은 그들이 해결해야 할 문제인가? 그렇다면 그 느낌은 어떤가?

이번에는 수학 문제와 반대로 저녁노을에 대해 생각해 보자. 저녁노을에는 어떻게 반응하는가? 감상한다. 해변에 앉아 어떻게 그토록 아름다운 저녁노을이 생길 수 있는지 경이로운 마음으로 바라본다. 해는 지면서도 낮처럼 관대해서, 원한다면 누구나 저녁노을을 감상할 수 있다. 저녁노을이 어떻게 생기는지 아는가? 햇빛이 대기 중의 먼지와 매연에 굴절되어 생기는 가스 상태의 미세한 고체 및 액체 분자들이라는 것이 정답이지만, 저녁 하늘을 가득 채우며 타오르는 붉은 빛을 제대로 설명하기는 역부족이다.

불안한 감정을 받아들이는 방법을 배울 수 있다면 어떨까? 불안한 감정 한 가운데 고요히 앉아 있는 방법을 배울 수 있다면? 불안한 감정에 대해 더 알게 된다면? 불안을 느끼는 그 순간 마음을 가라앉혀 지금까지 들을 수 없었던 소리를 듣게 된다면 어떨까? 그 순간을 통해 뭔가를 배울 수 있거나, 자신에게 아니면 사랑하는 다른 누군가에게 조금 더 친절해 질 수 있다면? 잘 알지 못하는 사람에게는 어떨까? 잠깐이나마 불안을 받아들이고 불안과 함께하면서 배운 것을 통해 지금까지 견디기 힘들었던 사람에게 더 친절해 질 수 있다면? 그렇다면 인생이 바뀔 수 있을까?

문제를 깊이 파고들거나 문제를 받아들여, 그 안에서 무슨 일이 일어나는지 바라보는 것은 놀랍게도 우리가 삶의 문제들에 대해 세워 놓은 일반적인 기준을 무너뜨린다. 『DSM』에서 분류해 놓은 장애들처럼 문제를 구분해 이름표를 붙이려는 인간의 노력이 세상을 더 이해할 수 없게 만들 수도 있다. 결국 따지고 보면 모든 고통은 한 뿌리에서 나온 것인지도 모른다.

호레이쇼 : 오 밤낮으로라, 이건 정말 놀랍고 기이하군!

햄릿 : 그러니까 이방인으로 그걸 환영하면 되지.

호레이쇼, 하늘과 땅에 있는 것들은, 인간의 사변적인 지식으로

공상하는 것보다 많다네.

— 셰익스피어, 『햄릿』 1막 5장

● 고통에 관한 위대한 진실

여러 가지 불안 행동에 대해 분류하고자 하는 생각의 가장 큰 문제는, 예를 들면 《광장 공포증》이 있는 사람과 《범불안장애》가 있는 사람의 문제가 본질적으로 다르다고 생각한다는 것이다. 누구든 그 중 한 가지 문제로 괴로워할 수 있다. 어쩌면 두 가지 문제를 다 겪을 수도 있다. 하지만 불안의 종류를 구분하는 것은 서로 다른 두 가지 상태 사이에 그럴듯한 차이가 있다는 것을 전제로 한다. 과연 정말 그럴까?

이 질문에 대해 조금 더 깊이 생각해보면 불안 장애가 〈있는〉 것과 〈없는〉것 사이에 실제로 그럴듯한 차이가 정말 존재하는지 궁금해질 것이다. 사람들이 불안에 관한 문제가 〈있다〉 혹은 〈없

다〉라는 두 가지 관점으로 생각한다는 것은 틀림없지만, 세상을 바라보는 이러한 관점이 세상에 관한 우리의 실제 경험과 과연 얼마나 비슷할까?

이는 주의 깊게 생각해 봐야 할 문제다. 조금 더 깊이 파고 들어가면 인간이 겪는 여러 가지 문제에는 차이점보다 비슷한 점이 더 많다는 사실을 발견하게 될 것이며, 이는 불안에서 벗어나 자유로워지는 방법을 찾는 데에도 무척 중요하다. 이제 곧 인간의 조각난 경험들을 연결하는 고통의 실이 있음을 보여주는 수치와 사실들에 대해 살펴볼 것이다. 몰랐던 사실이 처음에는 두려워 보일 수도 있고, 넘치는 인간의 고통을 마주하면서 더 불안해질지도 모른다. 그래서 미리 말해 두자면, 이 작업의 목표는 모든 인간이 고통 받을 수밖에 없는 운명을 공유하고 있다는 사실을 이해하는 것이다. 그 공통의 운명을 받아들이는 것이 자유로운 삶을 위한 중요한 첫걸음이 될 것이다. 그리고 ACT의 여섯 가지 영역에 대해서 알아볼 다음 장들에서 그 자유로운 삶을 가능하게 하는 방법에 대해 더 자세히 살펴볼 것이다.

우리의 공통 운명을 거부하는 것은

우리를 서로 이방인으로 만든다.

이 공통 운명을 선택하는 것은, 사랑 안에서,

우리가 한 몸임을 드러낸다.

– 세바스찬 무어

심리학자들이 불안 장애를 다양한 유형으로 분류하면서 제시했던 수치들에 대해 다시 한 번 살펴보자. 가장 일반적인 불안 장애는 《특정 공포증》으로 미국 성인의 약 9%가 이를 겪고 있다. 가장 흔치 않은 것은 《광장 공포증》으로 미국 성인의 약 0.8%가 이에 해당한다.

심리학 전문가가 아니라면 얼마나 많은 사람들이 정신적으로 장애를 앓고 있는지 자세히 알고 싶지는 않을 것이다. 하지만 불안에 관한 문제로 오랫동안 고민해 왔다면, 특히 불안 장애라고 진단 받은 적이 있거나 치료 받은 적이 있다면 얼마나 많은 사람들이 비슷한 경험을 하고 있는지 궁금할 것이다. 상태가 그리 심각하지 않다고 해도 우리의 정신 건강 상태가 어떤지 보여주는 정신 질환에 관한 통계 수치에 관심을 보일 수 있다.

| 통계와 오해

특정한 정신 질환이 얼마나 만연한지에 관한 진술은 사람들의 오해를 불러일으킬 수 있다. 앞에서 언급했던 불안 장애와 같은 정신 질환은 하나씩 살펴보면 비교적 보기 드물다. 미국 성인 인구를 기준으로, 이번에는 아까보다 범위를 조금 넓혀 불안 장애는 물론 다른 종류의 정신 질환까지 포함해 살펴보면, 약물 중독이라고 진단할 수 있는 사람은 약 3%, 범불안장애 역시 약 3%, 심하지 않은 만성 우울증을 앓고 있는 사람은 약 2.5% 정도 된다.(케슬러 외. 1994)

대체로 그렇게 흔하지 않다는 뜻이다. 그리고 사람들은 그 희귀성에 안도한다. 정신 질환이 그렇게 흔하지 않다는 사실은 그들이 받는 고통과 우리 사이에, 그 고통과 우리가 사랑하는 사람들 사이에 약간의 거리를 제공한다. 이러한 분류는 다소 추상적이고 객관적이며 더 나아가 우리의 경험과 직접적인 관련성도 없다. 당신이 그 중 한 가지 범주에 정확히 해당된다 해도, 사람들은 통계 수치를 보며 당신 같은 사람은 아주 소수라는 사실을 일깨워줄 것이다.

그리고 당신이 매일 만나는 사람들 역시 대부분 이를 대수롭지 않게 생각할 것이다. 그렇지 않겠는가? 통계 수치를 좀 더 자세히 들여다보자. 개개인이 어느 범주에 속하는지 잠시 제외하고 바라보면 몹시 다른 그림이 보일 것이다. 위에서 언급한 연구에서 케슬러와 그의 동료들은 『DSM』이 언급한 정신 질환 중 14가지에 대해서만 조사를 실시했다.(사실 150개 이상의 범주가 있다.) 그들은 15세에서 54세까지의 인구 중 29% 이상이 지난 12개월 동안 그 14가지 범주 중에 적어도 한 가지를 충족시키기에 충분한 증상을 보였다고 보고했다.

하지만 자료를 조금 더 자세히 들여다보면 15세부터 24세까지에서 이에 해당되는 비율은 34%라는 것을 발견할 수 있다. 물론 15세부터 24세 사이의 사람들이 정신 건강 문제를 보일 위험이 많기 때문에 따로 조사한 것은 아니고, 일반적인 미국 성인 인구 전체를 조사하는 과정에서 드러난 것뿐이다.

정확하게 다시 한 번 설명하자면, 한 해 미국 성인 중 거의 3분의 1과 청소년의 3분의 1이상이 정신 건강 장애라고 진단할 수 있는 증상을 경험한다는 뜻이다. 다시 말하면 세 명 중 한 명이다.

그 수치도 놀랍지만 이는 인간이 받는 고통의 아주 일부만 밝힌다는 사실도 이해해야 한다. 케슬러와 그의 동료들은 『DSM』에서 언급한 정신 질환 중 첫 번째 축, 즉 많은 사람들에게 이미 익숙한 불안, 우울, 식이 장애 등의 임상적 장애에 대해서만 조사했다. 이 수치는 다른 축에 속하는 수십 가지 다른 질환, 다시 말하면 여러 가지 질병이나 뇌 손상, 환경 조건과 직접적으로 연관되어 있는 광범위한 심리적 문제 혹은 인격 장애로 인한 문제는 포함하지 않았다.

또한 정신 질환의 증상을 경험하긴 하지만 전문가가 실제로 진단을 내릴 수 있을 정도로 심하게 혹은 자주 겪지는 않는 잠재적인 경우도 포함하지 않는다. 어떤 사람이 꽤 자주 불안을 느끼고 있다고 해 보자. 걱정을 통제하기 힘들고 직장 생활이나 삶 전반에서 심각한 장애를 느끼고 있지만, 나타나는 증상의 가짓수는 『DSM』의 공식적인 진단 기준을 충족시키기 위해 꼭 필요한 만큼은 아니다. 훌륭한 심리학자가 아니더라도 두 가지 증상을 겪고 있는 사람과 세 가지 혹은 여섯 가지 증상을 겪고 있는 사람 사이에 차이가 있다는 사실을 한 눈에 알 수 있지 않을까?

통계 수치는 또한 걱정에 둘러싸여 있거나 공포의 위협을 느끼지만 진단 기준을 충족시키지 못하거나, 치료 받을 생각조차 하지 않는 사람이 얼마나 많은지도 말해주지 않는다. 상처투성이에 애정도 없이 마지못해 결혼 생활을 유지하는 사람들이나 외롭고 고독해 하는 사람들에 대해서도, 일에서 의미를 찾지 못하거나 아이들과 담을 쌓고 지내는 사람들에 대해서도 마찬가지다.

제목 : 얼마나 많은 사람들이 고통 받고 있을까

준비물 : 이 세상

난이도 : 상

이 게임의 목표는 불안을 비롯한 삶의 문제를 날마다 마주치는

사람들을 통해 더 넓은 맥락에서 살펴볼 수 있도록 돕는 것이다. 게임의 규칙을 숙지하고 개념을 이해한 다음 주중이나 주말의 평범한 하루에 한 번 해 보아라.

아침에 출근하면서부터 마주치는 모든 사람들에게 관심을 기울인다. 거리를 걸으며 사람들의 얼굴을 하나씩 살펴보아라. 그리고 마음속으로 수를 센다. 한 명, 두 명, 세 명. 다시 한 명, 두 명, 세 명. 대략 그 세 번째 사람들이 적당한 문제가 주어졌을 경우 올해 정신 건강 장애를 앓고 있을지도 모른다고 생각하는 것이다. 어떤 장애인지 상상할 필요도 없고, 누가 장애를 앓고 있을지 판단할 필요도 없다. 그 대신 여러 가지 삶의 문제가 얼마나 많은 사람들에게 영향을 미치고 있는지, 실로 얼마나 많은 사람들이 고통받고 있는지 느껴보아라. 또한 그 많은 사람들 중 대다수가 겉으로는 얼마나 멀쩡해 보이는지도 살펴보아라.

| 통계의 극단

사람들이 심각하게 자살을 고려하는 횟수에 관한 연구 역시 얼마나 많은 사람들이 고통 받고 있는지 보여준다. 앞에서 언급했던 정신 건강 질환에 비해 자살 자체는 비교적 흔한 일은 아니다. 미국에서는 해마다 십만 명 중 대략 11명이 자살을 한다. 다시 말하면 인구의 약 0.01%가 자살로 생을 마감하는데(질병통제예방센터 Centers for Disease Control and Prevention), 그 수치를 보면 실제로 자살은 확실히 드문 현상이다. 하지만 한 연구에 따르면(칠레스와 스트로사흘, 2005), 통계학적으로 의미 있는 미국 성인 표본의 20% 가 무작위로 지정한 2주 동안 자살을 계획하거나, 자살하기 위한 방법을 알아보는 등 자살에 대해 심각하게 생각해 본 적이 있다고 밝혔다. 심각하게 생각해보긴 했지만 구체적인 계획은 세우지 않 았다는 사람도 20%에 달했다. 둘을 합하면 거의 절반에 가까운 사람들이 자살로 끝내고 싶어 할 만큼 극심한 고통을 받고 있다는 뜻이다. 그리고 사람들은 이러한 통계 수치가 훨씬 광범위하게 적 용된다고 믿는 경향이 있다.

광범위하게 적용된다는 것은 무슨 뜻일까? 이는 곧 우리가 아 는 사람 중 절반이 극심한 고통과 절망을 느끼며, 이를 이겨내기 보다 죽음을 선택하는 편이 더 나을 거라고 생각했거나 생각할지 도 모른다는 뜻이다. 하지만 그들이 과연 그렇다고 말하는가? 아 니다. 절반은커녕 백 명 중 한 명도 결코 입도 뻥긋 하지 않는다. 그리고 아무 일 없다는 듯 일을 하고 수업을 들으며 함께 저녁을 먹는다. 그리고 요즘 어떻게 지내냐고 물으면 잘 지낸다고 대답할 것이다.

불안 장애와 마찬가지로 자살도 추상적인 통계 수치로 살펴보 면 꽤나 안전해 보인다. 하지만 절반에 가까운 사람들이 자살에 대해 심각하게 생각한다는 것이 무슨 뜻인지 곰곰이 생각해보아 라. 당신이 아는 사람 중 누가 자살을 생각하고 있을지 한 번 생각해 보자. 이번에도 사람들을 만날 때마다 숫자를 세어 보아라. 하나, 둘. 다시 하나, 둘. 하나, 둘. 잠시 멈춰 서서 잠깐이라도 그 사람의 눈을 들여다보아라. 그리고 생각해보아라. 성급히 행동할 필요는 없다. 그저 잠시 멈춰 생각해 보는 것으로 충분하다. 다음에 직원회의나 칵테일파티, 학부모 모임에 참가하면 사람들을 한 번 둘러보아라. 그리고 그 사람들 중 절반이 영혼의 어두운 밤•이 무엇인지 알고 있다는 사실에 대해 깊이 생각해 보아라. 그들은 다음 날 아침에도 여전히 일을 하러 갈 것이고 친구의 안부 인사에 '잘 지낸다'고 대답할 것이다.

이 또한 너무 추상적이다. 형제나 자매가 몇 명이나 있는가? 잠시 눈을 감아보아라. 그들의 얼굴을 떠올리며 조용히 이름을 불러 보아라. 이번에도 마찬가지로 숫자를 세 보아라. 하나, 둘. 하나, 둘. 그들의 눈동자를 떠올리면서 '잘 지낸다'는 말의 반대편에 혹시 고통의 기미가 있지는 않은지 살펴보아라.

그래도 와 닿지 않는다면 아이들은 어떤가? 아이들의 얼굴을 한 번 떠올려보아라. 하나, 둘. 하나, 둘. 지금 당장 그만 하라고, 더 이상 듣고 싶지 않다고 소리치고 싶을지도 모른다. 그 거부 안에 바로 고통에 대한 인간의 전반적인 반응이 담겨 있다. 인간은 고통을 멀리하거나 결코 느끼고 싶어 하지 않는다. 그 거부 안에

• 역주_ 십자가에 못 박혀 죽은 성 요한이 신비주의에 대한 경험을 바탕으로 쓴 『영혼의 어두운 밤』에서 묘사한, 고독함과 외로움을 느끼는 상태에 대한 은유로 특히 기독교에서 많이 사용된다.

바로 '어떻게 지내?'라는 질문에 자동적으로 '잘 지낸다'고 대답하게 되는 이유와 그 침묵의 원인 또한 들어있다.

그렇다면 당신은 어떤가? 그 어두운 밤에 대해 당신도 알고 있는가? 당신은 요즘 어떻게 지내는가? 당신의 상태에 대해 알고 있는 사람이 있는가?

확실히 말해두지만 당장 밖으로 뛰쳐나가 고통 받고 있다고 소리치라는 것은 아니다. 얼마나 많은 사람들이 침묵 속에서 고통 받고 있는지 생각해보는 연습은 미래의 행동에 대한 처방이 아니라 공감의 행위이다. 얼마나 많은 사람들이 고통 받고 있는지 인식하고 불안이 피할 수 없는 고통의 일부라는 사실을 받아들인다면, 삶에서 타인과 맺는 관계는 어떻게 달라질 수 있을까? 이렇게 생각해보자. 직장에서 가장 싫어하는 사람의 얼굴을 떠올려보아라. 그 사람은 당신과 똑같은 어려움을 겪고 있다. 그렇게 보이지 않지만 그렇다고 해 보자. 여전히 그 사람을 좋아하진 않겠지만, 그 사람에 대해 알게 되면 그에 대한 평가가 부드럽게 바뀌지는 않을지 생각해보아라. 자기 자신과 관계를 맺는 방법, 불안을 경험하는 방법은 어떻게 달라질 수 있을까? 고통을 받아들이겠다는 의지가, 어쩌면 처음으로 그 고통이 하고자 하는 말의 핵심을 정확히 듣게 해 줄지도 모른다. 사실은 우리가 고통을 받아들이는 것이 아니라 고통이 우리에게 벌써 얼마나 가까이 왔는지 그 모습을 드러내는 것이라고 할 수 있다.

| 고통을 받아들여야 하는 이유

불안의 핵심은 불확실성과 문제를 해결하고자 하는 강한 성향의 충돌이라고 이미 언급했다. 많은 사람들이 불확실한 상황을 문제로 인식하며, 가끔은 그 문제에서 재빨리 달아나는 것이 해결책이 될 수도 있다. 고통이 어디에나 있다면 피할 수 있는 고통은 피하고 싶은 것이 지극히 정상이다. 정말 그렇다. 전적으로 정상이다. 길 한 가운데서 자동차에 치인 개가 자기를 구해주려는 낯선 사람을 물고자 하는 것 역시 정상이다. 하지만 구해주려는 사람을 무는 행동으로는 수의사를 찾아갈 수 없다.

삶의 고통이 날카로운 이빨과 발톱에 찢겨지는 것이라면, 그 고통을 겪는 것이 곧 누군가의 점심 식사가 되는 것이라면, 뒤로 한 발 물러나는 것이 적극적이고 현명한 행동이다. 하지만 걱정이나 창피 당하지 않을까 하는 두려움, 공포라는 심리적 고통에서 한 발 물러나면 어떻게 될까? 이러한 고통의 이면에는 과연 무엇이 있을까?

여기 한 가지 힌트가 있다. 곰은 아니다. 그 이면에 있는 것은 바로 삶이다. 삶과 고통을 떼어놓을 수 없다면, 고통에서 달아나거나 고통을 회피하는 것은 곧 삶에서 달아나고 삶 자체를 회피하는 것이다. 믿지 못하겠다면 자신의 경험을 한 번 떠올려 보아라. 불안에 관한 문제를 해결함으로써 사람들과 더 가까워 졌는가? 삶이 풍요로워졌는가? 불안 문제를 해결하기 위해 정말 열심히 노력했던 구체적인 기억을 떠올려보고, 그 순간 다른 사람들과, 그리고 자신의 삶과 가장 끈끈한 유대감을 느꼈는지 생각해 보아라. 세바스찬 무어가 말했듯이 고통이 우리 모두의 삶에 스며들어 있을 때 고통을 거부하는 것은 우리를 분열시키고 우리를 떼어놓는다. 고통에서 달아나면 고통과 뗄 수 없이 얽혀 있는 풍요롭고 다양한 삶 또한 놓치게 된다.

우리가 삶에서 가장 원하는 것은 가장 고통을 느끼는 부분과 밀접한 관련이 있다. 불안했던 경험이, 당신이 몹시 소중히 여기는 가치와 연결되어 있지 않았는지 한 번 생각해보아라. 직업적으로 성공해 존경받는 것이 아무 의미도 없다면, 왜 업무 성과에 대해 걱정하겠는가? 공공장소에서 자기 자신을 통제하고 마음의 평정을 유지하는 것이 중요하지 않다면, 왜 하루 종일 집 안에만 틀어박혀 있겠는가? 자신의 안녕이나 사랑하는 사람들을 돌보는 능력에 대해 조금도 신경 쓰지 않는다면, 과연 탑승구를 지나 비행기에 올라탈 생각을 하겠는가?(우리가 추구하는 가치와 우리가 취약한 부분의 뿌리가 같다는 점에 대해서는 6장에서 더 자세히 설명할 것이다.)

● 해방 : 고통에 관한 또 다른 위대한 진실

인간의 고통에 관한 위대한 진실 한 가지는 바로 고통은 어디에나 있다는 사실이다. 인간은 어떤 상황에서도 고통 받을 수 있다. 매튜 아놀드의 시 『도버 해변』에서, 부서지는 파도 소리를 듣고 있는 신혼부부의 말에 귀를 기울여보자.

아, 사랑이여, 우리 진실하자. 서로에게!
이 세상을 위해, 세상은 우리 앞에 마치 꿈나라인 듯,
그토록 다채롭고 그토록 아름답고 그토록 새롭지만,
실은 기쁨도, 사랑도, 빛도
확신도, 평화도, 고통의 위안도 없네.
그리고 우리 여기 어두워오는 벌판 위에 있나니

– 매튜 아놀드 『도버 해변』

대단한 신혼여행이지 않은가. 신랑이 창가에 서서 세상의 어둠과 덧없음에 대해 고심하고 있을 때, 그의 낭만적인 애수에 낙담한 우리의 신부 아놀드 부인은 침대에 누워 이렇게 말하지 않았을까? "자기야, 빨리 침대로 와요!"

인간은 어떤 조건에서도 고통 받을 수 있다. 하지만 고통 받을 수 있는 인간의 특별한 능력에 버금가는 또 다른 능력이 있으니,

그것은 바로 해방을 추구하는 능력이다. 이는 빅터 프랭클의 위대한 책 『죽음의 수용소에서Man's Search for Meaning(1959)』를 보면 알 수 있다. 프랭클은 그 책에서 2차 세계 대전 중 나치 수용소에서의 경험을 묘사한다. 캠프에서 받은 고통을 자세히 풀어놓는 부분에서는 놀랄 것이 없다. 반전은 프랭클이 친구들과 함께 탈출 계획을 세우고 실행에 옮기는 부분에서 일어난다. 필요한 물건과 음식도 모두 마련했고 드디어 탈출 하루 전날이다. 캠프의 간이 병원 의사였던 프랭클은 마지막으로 환자들을 살펴보기 위해 병원으로 간다. 그는 자신의 의학적 노력이 대부분 아무 소용도 없다는 사실을 알고 있었다. 환자들은 영양실조나 이질, 그 밖의 여러 가지 이유로 죽어가고 있었다. 그가 할 수 있는 일은 위로를 건네는 것뿐이었다.

프랭클은 특히 살리고 싶었지만 시시각각 죽음을 맞이하고 있는 환자에게 다가갔다. 그 환자는 프랭클의 눈을 들여다보며 이렇게 말했다. "당신도 역시 나가는군요."

프랭클은 이렇게 기록했다. "이번에는 내 손으로 운명을 받아들이기로 결심했다." 그리고 친구들에게 캠프에 남아 환자들을 돌보겠다고 말했다. 다시 간이 병원으로 돌아와 자리에 앉으며 프랭클은 이전에 결코 경험하지 못했던 평화를 느꼈다고 묘사한다.

프랭클이 그 날 캠프에서 경험한 것은 바로 해방감이다. 프랭클이 처한 상황은 비록 인간이 고안한 더 이상 잔인할 수 없는 속

박이었지만, 그는 그 안에서 자유를 경험했다. 여기서 우리가 얻을 수 있는 교훈은 아무리 고통스러운 상황에 처하더라도, 혹은 치러야 할 대가와 불안으로 인한 상실이 아무리 크다고 해도 자유를 만끽하며 풍요롭고 의미 있는 삶을 지속할 수 있다는 것이다. 프랭클의 이야기 또한 우리가 진실이라고 확신하는 것과 다르지 않았다. 인간의 고통에 대한 한 가지 위대한 진실은 고통은 어디에나 있다는 것이고, 또 한 가지 위대한 진실은 고통에서 해방 되는 것 역시 우리 몫이라는 것이다.

여기서 해방이란 물론 고통에서의 해방을 뜻하는 것이 아니다. 첫머리에서 언급한 로버트 번즈의 에피그래프에서 이미 짐작했겠지만, 이 이야기는 〈그 후로 행복하게 살았습니다.〉 식의 해피엔딩 이야기는 아니다. 우리가 하고 싶은 말은 고통의 바다 한 가운데에서도 고통에서 벗어나려는 몸부림을 놓아버리고 삶의 목적과 의미를 향해 나아갈 수 있는 방법은 있다는 것이다. 또한 고통의 무게와 상관없이 언제나 기꺼이 받아들일 수 있는 삶은 가능하다는 것이다. 다시 말하자면 지금까지 걱정, 두려움, 공포 등 어떤 형태의 불안에서든 벗어나기 위해 몸부림쳐왔더라도, 그러한 경험을 통해 스스로 선택한 방향으로 삶을 이끄는 방법을 찾을 수 있다는 뜻이다. 3장부터 8장까지는 삶의 일부이자 ACT의 중심이 되는 여섯 가지 영역에 대해 탐구하고, 이를 현실로 만들기 위한 몇 가지 방법을 찾아볼 것이다.

03

마른 땅의
물고기
: 현재의 불안

그래도, 넌 나에 비하면 행복하단다.
오직 현재만이 너를 움직이잖니.
그러나 오! 나는 과거만 바라보고 있구나.
황량한 기대에! 그리고 볼 수 없는 미래를
내다보며 두려워하고 있구나!

— 로버트 번즈, 『생쥐에게』

자, 생쥐가 등장하는 번즈의 유명한 시
에서 또 다른 구절을 보자. 불안에 관한 우리의 논의와 갈수록 밀
접한 관련이 있다는 것이 드러난다. 1장에 인용한 부분에서 번즈
는 인간과 쥐가 아무리 계획을 잘 세워도 뜻대로 되지 않을 가능
성이 크다고 말했다. 그리고 지금 이 부분에서는 계획을 세워봤자
곤경에 처하는 것은 쥐나 인간이나 비슷하지만, 인간이 처한 상황
은 그보다 훨씬 열악하다고 말한다. 네 발 달린 우리 친구들은 〈오
직 현재〉의 문제에 대해서만 걱정하지만, 인간은 불행했던 과거의
기억과 우리 앞에 놓인 불확실한(그리고 어쩌면 끔찍할지도 모를) 미

래와도 겨루어야 하기 때문이다.

불안은 지금 이 순간과는 어울리지 않는다. 불안은 과거와 미래에 그 존재 여부가 달려 있다. 불안에서 벗어나고 싶다면 이를 이해하는 것이 중요하다.

하지만 너무 심각하게 생각할 필요는 없다. 여기서 잠깐, 간단한 게임을 통해 현재에 머무를 때 불안이 어떻게 되는지 한 번 살펴보자.

제목 : 현재의 불안

준비물 : 상상력

난이도 : 중

우선 지금 불안하거나 지난 며칠 동안 불안했던 일을 한 가지 떠올려 본다. 어떤 일이든 상관없다. 일을 잘 못하고 있다는 느낌, 월말에 고지서를 납부할 돈이 부족하지 않을까 하는 걱정, 점심을 함께 먹는 친구들이 사실은 나를 싫어하는 게 아닐까 하는 끊이지 않는 의심 등 어떤 것도 좋다.

이제 자리에 앉아서 마음속으로 그 상황을 떠올려본다. 구체적일수록 좋다. 그리고 어떤 느낌이 드는지 알아차려 본다. 배가 아파오는가? 심장 박동이 빨라지는가? 불안한 상황에서 어떤 느낌이 드는지 세심하게 느껴 본다.

불안한 감정을 유발하는 사건을 구체적으로 떠올리고 어떤 느낌이 드는지 살펴본 다음에는, 그 일이 바로 지금 일어나고 있다고 상상해본다. 그 일이 지금 당신의 얼굴을 똑바로 쳐다보고 있다.

점심을 함께 먹는 친구들이 사실은 나를 싫어하는 게 아닐까 하는 생각을 떠올렸다고 해 보자. 어떤 느낌이 들까? 카페나 구내식당에 앉아 있다. 친구들과 점심을 먹으며 수다를 떨고 있는데, 그 중 한 친구가 버니스라고 해 보자. 버니스가 햄 샌드위치와 다이어트 소다를 내려놓고 당신의 눈을 똑바로 쳐다보며 이렇게 말한다.

"있잖아, 한 번도 말 한 적 없지만, 난 네가 정말 싫어. 생각해 보면 우리 중 너를 좋아하는 사람은 아무도 없어. 평화를 깨기 싫어서 같이 점심을 먹었던 것뿐이야. 솔직히 말하자면, 아마 여기 있는 사람들 모두 같은 생각일 거야. 네가 우리 옆에 있지 말고 저기 가서 혼자 먹었으면 좋겠어."

다른 친구들도 전부 고개를 끄덕이며 동의한다고 중얼거린다. 그리고 버니스는 자리에서 일어나 문을 가리킨다.

당신을 불안하게 만들었던 사건이 실제로 눈앞에서 벌어지고 있다고 상상한 다음, 몸과 마음이 어떻게 반응하는지 찬찬히 주의 깊게 느껴보고 생각이 어떻게 변하는지 살펴본다. 그리고 몸에서 느껴지는 감각을 최대한 자세하게 묘사해 본다.

　자, 새로운 사실을 발견했는가? 어떤 느낌이 들었는가? 나쁜 일이 〈일어날지도 모른다〉는 생각에 불안했을 때와 나쁜 일이 〈실제로 일어나고 있다〉고 가정했을 때의 느낌이 어떻게 다른가? 이 이야기에서처럼 사람들이 나를 싫어할지도 모른다는 느낌 때문에 불안해하는 사람이 많을 것이다. 물론 당신은 그렇지 않다고 해도 논의를 전개하기 위해 그렇다고 해 보자. 점심 식사 자리에서 친구들이 나를 싫어하지 않을까 생각하다보면, 머릿속이 복잡해지고 심장 박동이 빨라지며 이마나 손바닥에서 식은땀이 나는 등 불안을 느낄 때의 전형적인 증상이 나타날 것이다. 하지만 버니스가 말을 마치고 나면 그 상황에 대한 느낌은 꽤 빨리 바뀐다. 그렇지 않은가? 친구들이 당신을 싫어할지도 모른다고 불안해 하다가 정말 그렇다는 사실을 아주 분명히 알게 되었다. 불편하고 불확실한 느낌이나 끊이지 않던 의심은 사라진다. 그래도 불안한 느낌이 남아 있다면 미래에 대해 걱정하며 불안해했던 과거의 또 다른 사건과 관련이 있는 것은 아닌지 생각해보아라. 여기서 중요한 것은 불안한 감정을 유발했던 불확실성이 사라진 것이라고 할 수 있다. 불안은 개인의 성격에 따라 신속하게 분노 혹은 깊은 상처로 대체될 것이다. 버니스야말로 천하의 나쁜 여자다! 친구한테 그렇게 말하는 사람이 어디 있는가! 실제로 그런 상황에 처하면 사람들은 버니스에게 비난을 퍼붓거나, 당장 그 자리에서 벗어나거나, 아니면 놀라서 아무 말도 못할 것이다. 어떤 경우든 불안한 감정을 느낄 때와 실제로 그 사건을 겪고 있을 때의 느낌과 반응은 확실히 다르다.

✸현재의 불안은 마른 땅의 물고기다

여기서 중요한 것은 우리를 불안하게 만드는 사건이나 상황은 현재에 닻을 내릴 수 없다는 사실이다. 지금 일어나고 있는 일에 대한 걱정과 공포는 불안이 아니라 두려움이다. 일이 끔찍하게 〈잘못되어 가고 있다〉고 느낄 때 우리는 두려움에 사로잡힌다. 불안은 불확실성을 없애고 싶어 하는 감정으로, 현대사회에서 그다지 해가 되지는 않는 여러 가지 위협에 대해 약간의 도움밖에 되지 않지만, 두려움은 불안과 달리 무척 쓸모 있는 감정이다.

복도 끝에 있는 방에서 총소리와 비명소리가 들린다면 누구나 반대쪽으로 갈 것이다. 해변에서 거대한 등지느러미가 파도를 가르며 다가오는 것을 발견한다면 수영을 다음 기회로 미룰 것이다. 일을 잘 못하는 옆 자리의 직원들이 해고당한다면 마감 날짜를 지키고 맡은 임무를 완수하기 위해 최선을 다할 것이다. 이런 일들이 바로 지금 일어나고 있다면 누구나 나쁜 일로부터 자신을 보호하기 위한 행동을 취할 것이다.

이 밖에도 일이 실제로 잘못 되고 있을 때, 인간은 여러 가지 반응을 보일 수 있다. 이러한 반응은 두려움에 대한 반응보다 더 현재에 뿌리를 내리고 있으며, 불안과도 훨씬 거리가 멀다. 뜨거운 것에서 황급히 손을 떼는 행동처럼 미처 어떤 생각을 하기도 전에 반응하는 반사적 행동에서부터, 접촉 사고가 난 다음에 차를 길 한 편에 주차하는 것처럼 생각하고 나서 반응하는 행동까지 다양하다. 어떤 경우든 지금 이 순간에 일어나고 있는 구체적인 사건에 대한 반응에는 불안이 끼어들 여지가 없다.

또한 실제로 두려워할 만한 사건이 일어나지 않아도 두려움은 느낄 수 있다. 그러나 위험한 일이 임박했다는 생각만으로도 두려울 수는 있지만, 이런 두려움은 불안과는 매우 다르다. 지금 이 순간에 실질적인 위협이 존재한다는 가정에 근거하고 있기 때문이다. 그러므로 "당신이 두려워하는 일이 지금 일어나고 있나요?"라는 질문에 대답할 수 있어야 한다. 하지만 불안은 그렇지 않다. 불안이 우리를 장악하기 위해서는 과거나 미래에 의지해야 한다.

현재의 불안은 마른 땅에 내팽개쳐진 물고기와 같다. 물고기가 살아남기 위해서는 온 몸을 감싸주고 아가미로 들이마실 수 있는 물이 필요하다. 그와 마찬가지로 불안은 어두운 과거나 알 수 없는 미래를 먹고 자라난다. 생존에 꼭 필요한 각각의 환경이 없다면 물고기와 불안은 모두 급격히 시들어 그 생명을 다할 것이다.

이를 깨닫는 것은 불안이 우리 삶에 씌워놓은 올가미에서 벗어나기 위한 커다란 디딤돌이다.

그렇다면 어떻게 불안에서 벗어날 수 있을까? 이제 그 답을 찾기 위해 ACT의 첫 번째 영역에 대해 탐구해 보자.

❋ 현재에 머무르기

ACT의 관점에서 현재에 머무른다는 것은 지금 이 순간의 삶에 의식적으로 집중하면서도 유연하게 반응하는 능력이라고 할 수 있다.

의식적으로 집중하고 있지만 유연성이 없는 경우는 어떨까? 컴퓨터 게임에 완전히 빠진 사람을 생각하면 될 것이다. 움직이는 화면에 눈도 깜빡이지 않고 집중하고 있지만, 그 동안 게임을 제외한 나머지 세상은 사라질 것이다. 비행기 공포증이 있는 사람은 어떨까? 창밖으로 비행기 날개에 금이 가지는 않았는지 눈이 빠지게 쳐다보다가 비행의 즐거운 부분은 놓칠 수밖에 없을 것이다. 비록 지금 이 순간에 집중하고 있는 것처럼 보이지만, 실제로는 동체에서 날개가 분리되고 화염에 휩싸여 빙글빙글 돌며 추락하는 그런 상상 속의 미래에 집중하고 있는 것이라고 할 수 있으며 유연하다고도 할 수 없다.

또한 아주 유연하긴 하지만, 누군가 느닷없이 "잠깐, 저기 토끼 한 마리가 있다!"라고 외치자, 이 말에 두리번거리며 토끼를 찾는다고 한다면, 이러한 상태는 지금 이 순간에 의식적으로 집중하지 않고 있는 상태라고 할 수 있다. 현재에 의식적으로 집중하지 않으면서 유연한 반응만 보일 때에는 주변에서 일어나는 일에 쉽게 산만해질 수 있다. 집중할 수 있는 시간이 짧은 것도 이와 비슷한 문제라고 할 수 있다.

정신 건강 문제 중에는 현재에 머무르지 못하기 때문에 발생하는 것이 많다. 가장 심각한 상태는 〈분열〉로 주변 환경이 사실상 전혀 영향을 미치지 못하는 상태이다. 하지만 그만큼 심각하지 않더라도 현재에 머무르지 못한다면 불안을 경험할 가능성이 크다고 할 수 있다. 현재에 머무르고 있다고 착각할 수 있는 가장 전형적인 상태는 미래에 대한 걱정과 과거에 대한 집착이다. 걱정은 현재에 머무르지 못하고 머릿속에서 일어나는 미래의 사건에 집중하는 것이다. 집착 또한 과거의 사건에 집중한다는 것만 다를 뿐 그와 비슷한 상태라고 할 수 있다.

우리는 마음을 고요한 물처럼 만들어 주위에 모여든 존재가 자신의
이미지를 볼 수 있게 한다. 그리고 그런 고요의 상태 때문에 잠시
동안 더 명확하고 어쩌면 더 격렬한 삶을 살 수 있을 것이다.

-Y. B. 예이츠, 『켈트의 여명』

(1장에서 ACT의 여섯 가지 영역은 나머지 다섯 가지 영역에서도 그 모습을 드러낸다고 했던 말을 기억하는가? 다음 장에서 〈인지적 탈융합〉에 대해 논의하면서 이를 확인해 볼 수 있을 것이다. 걱정과 집착은 지금 여기서 일어나는 일에 민감하게 반응하지 못하는 상태이자 현재에 머무르는 것의 잘못된 상태라고 할 수 있다. 여기서 걱정과 집착은 과거와 미래에 대한 생각을 단지 문자 그대로 받아들이는 것이라고도 할 수 있는데, 이 두 가지가 바로 융합의 한 예라고 할 수 있다.)

◉불안이 발붙일 수 없는 삶

자, 당신이 지금까지 불안과 관련된 문제를 겪어 왔다고 해 보자. 적극적으로 현재에 머무를 때 불안이 끼어들지 못한다면 당신은 매 순간 현재에 머무르면 된다. 그렇지 않은가?

하지만 번즈가 말했듯이, 완벽하게 현재에 머무르는 것은 생쥐들에게나 가능할 뿐이다. 인간은 순간에 집중하는 것을 방해하는 언어라는 별난 도구를 갖고 있기 때문에 현재에 머무르기가 실로 더 어렵다.

언어는 눈앞에 괴물을 만들어낼 수도 있다. 과거를 떠올리고 미래를 상상해 갑자기 현재로 끌어들이기도 하지만, 정말로 평생 사라지지 않는 괴물을 만들어 낼 수도 있는 것이 바로 언어다. 불안이 현재에 머무를 수 없다고 말하기는 쉽지만 이 또한 말 뿐일 수 있다. 말하는 것과 말을 행동으로 옮겨 실제로 지금 이 순간에 확실히 머무르는 것은 전혀 다른 문제이다. 그렇기 때문에 현재에 머무르기 위해서는 노력하고 또 노력해야 한다.

현재에 머무르는 방법은 일생 동안 배워야 할 기술이다. 이는 긴 여행과 마찬가지다. 그리고 가장 긴 여행도 시작은 아주 작은 한 걸음이다.

| 마음챙김 명상

《마음챙김》은 아주 오래된 개념이다. 많은 사람들이 마음챙김을 불교와 연관 지어 생각하기도 한다. 불교에는 고통에서 벗어나 자각으로 이를 수 있는 여덟 가지 바른 자세인 《팔정도(八正道)》가 있는데, 마음챙김은 그 중 한 가지 방법인 《정념(正念)》과 유사하다고 할 수 있다. 하지만 반드시 종교적이거나 소수만 이해할 수 있는 개념은 아니다. 세상을 경험하기 위해 선택할 수 있는 특별한 방법 중 하나일 뿐이다. 마음챙김 명상은 전 세계의 거의 모든 문화에서 천년 이상 이어져 왔으며, 사람들은 이를 통해 미래에 대한 확신, 타인에 대한 연민, 생각의 깊이, 마음의 평화 등을 얻었다. 이런 이유로 기독교, 유대교, 이슬람교, 힌두교를 비롯해 전통적으로 명상을 중시하는 전 세계의 수많은 종교에서 마음챙김 명상과 비슷한 개념이 발견되는 것인지도 모른다. 하지만 마음챙김은 종교나 초자연적 대상, 내세와는 관계가 없다. 오히려 우리가 살고 있는 현실 세계와 온전히 연결되고자 하는 상태를 뜻한다고 할 수 있다. 여기서 우리는 마음챙김에서 중요시하는 것처럼 현재에 온전히 머무르는 것이 불안한 감정에 어떤 효과를 끼칠 것인지 알아볼 것이다.

마음챙김이라는 개념을 대중적으로 널리 알린 사람은 유명한 저술가이자 교수인 존 카밧 진(Jon Kabat-Zinn)이다. 그의 사상은 「마음챙김에 근거한 스트레스 완화 프로그램 (MBSR)」으로 자리를 잡았으며, 많은 사람들의 신체적, 정서적 괴로움을 해결하는데 큰 도움이 되었다. 우리가 마음챙김 명상에 관심을 갖고 이를 이해할 수 있었던 것도 모두 존 카밧진 덕분이며, 이에 관심 있는 독자들을 위해 「더 읽어보기」에서 이와 관련된 그의 저서를 더 소개할 것이다.

카밧진이 내린 유명한 정의에 따르면, 〈마음챙김은 지금 이 순간의 경험에 아무런 판단 없이 의식적인 관심을 기울일 때 나타나는 자각〉이다. 여기서 우리는 마음챙김에 대한 그의 정의에 몇 가지 세부사항을 덧붙일 것이다. 지금 이 순간의 경험에 기울이는 관심은 의식적이어야 하지만, 그와 동시에 유연해야 한다. 다시 말하면 현재에 머물러야 하지만 그 순간에 도취되거나 빠져들어서는 안 된다. 옆에서 벽이 무너지면 이를 인지하지 못하고 얼어붙는 것이 아니라, 그 일이 실제로 일어나고 있다는 것을 알아차려야 한다. 컴퓨터 게임에 빠졌던 사람의 예를 다시 한 번 생각해보자. 게임을 하는 동안 스크린에서 일어나는 일에는 몹시 집중하고 있지만 주변 세상과는 완전히 차단되어 있다. 반면에, 마음챙김의 목표가 매 순간의 경험에 의식적으로 주의를 기울이는 것이라고는 하지만, 주변에서 일어나는 모든 일에 관심을 기울일 필요는 결코 없다. 이러한 산만함을 유연함이라고 할 수도 있겠지만, 그런 상태로는 마음챙김의 특징이라고 할 수 있는 의식적인 집중을 할 수 없다.

카밧진의 정의에서 주의를 기울여야 할 부분은 마음챙김 명상의 미묘하고 중요한 특징을 드러내는 부분으로, 이런 종류의 자기계발서에서 마음챙김 명상에 대해 언급할 때 더욱 주의해야 한다. 그런 부분은 바로 〈나타나다〉라는 말로, 그 말은 자연 발생적, 혹은 자연스러움을 내포하고 있으며, 여기서 특히 중요한 것은 바로 〈그냥 발생한다〉는 느낌이다. 다양한 목적으로 마음챙김이라는 개념을 적용한 책이 많지만, 이 책에서 우리가 주장하는 것은 다른 책들과는 다르다. 우리는 지금 이 순간에 온전히 몰입하는 것이 불안한 감정을 자연스럽게 누그러뜨릴 것이라고 주장하지만, 그와 동시에 불안을 없애기 위한 목적으로 명상을 하는 것은 틀림없이 실패할 것이라고 생각한다.

왜 그런 것일까? 카밧진의 정의를 다시 살펴보면, 마음챙김은 〈지금 이 순간의 경험에 아무런 판단 없이 의식적인 관심을 기울일〉 때 가능하다. 지금까지 기울인 노력이 효과가 있었는지 없었는지 따져보면서, 눈앞에 펼쳐지는 경험에 아무런 판단 없이 깊은 관심을 기울이는 것은 결코 불가능하다. 호흡을 하거나 발걸음을 세거나 해변에서 파도가 부서지는 소리를 들으며 명상을 할 수도 있지만, 정말 관심을 기울이는 것은 불안이 감소했는지의 여부라면 그 상태는 어쩌면 더 불안한 상태라고 할 수 있다. ACT의 관점에서 마음챙김의 목적은 불안을 감소시키는 것이 아니라 더 풍요로운 삶을 직접 체험할 수 있도록 돕는 것이다. 명상이 처음이라면 당신의 목표도 마찬가지가 될 것이다. 무슨 일이 일어나는지 그저 관찰하는 것이다. 다음 게임이 바로 그 목표를 위한 게임이다.

제목 : 1분의 길이

준비물 : 1분 타이머

난이도 : 하

사람들은 대부분 시간이 쏜살같이 달아나서 하루가 짧다고 생각한다. 그렇다면 한 시간은 과연 얼마나 길까? 1분은? 가끔 급하다는 생각이 든다면 당신의 시계는 실제보다 빨리 흐른다고 할 수 있다. 반면에 시간이 너무 천천히 흐른다면 많은 일을 제 때 처리하지 못할 것이다. 이 게임을 통해 시간에 대한 당신의 감각이 얼마나 정확한지, 자기 내면의 시계가 실제보다 빠른지 느린지 알 수 있을 것이다. 지금까지 불안 때문에 힘들었던 사람들의 시계는 장담하건데 몹시 빨리 달리고 있을 것이며, 게임을 하는 내내 다음 단계에 대한 기대로 앞질러 달릴 것이다. 물론 반드시 그렇지는 않을 테지만 그럴 가능성이 확실히 크다. 이 게임이 끝나면 1분 동안 주의를 기울이고 집중하는 것이 어떤 느낌인지도 알 수 있을 것이다. 이 게임을 반복하는 것이 마음챙김 명상의 전부라고 해도 과언이 아니다.

1. 조용하고 평화로운 장소에 의자나 방석을 준비한다.

2. 목걸이나 허리띠처럼 호흡을 방해할 수 있는 것은 모두 풀고 편히 앉는다. 시계를 차고 있다면 벗어서 가까이 둔다.

3. 몇 차례 숨을 깊이 들이쉬고 내쉰다. 그리고 시계를 보면서 초침이 12를 지날 때 시계를 치우거나 뒤집어 놓는다.

4. 편히 앉아서 1분이 지났다고 생각할 때 까지 평소처럼 호흡 한다. (마음속으로 초를 세면 안 된다. 세고 싶은 마음이 들겠지만 그렇게

하면 이 게임의 목표를 달성할 수 없다.)

5. 시계를 보고 시간이 얼마나 지났는지 확인한다.

자, 어땠는가? 시간에 대한 감각이 실제 시간의 흐름과 비슷했는가? 아니면 내면의 시계가 얼마나 빠른지 혹은 느린지 발견하고 놀랐는가? 여기서 우리의 목표는 지금 이 순간에 의식적으로 집중하는 것이며, 시간이 흐르는 속도에 민감하게 반응하는 것은 그 출발점으로 아주 좋다. 게임의 결과가 당신에게 무슨 뜻인지 생각해보아라. 또한 1분이 지나기를 기다리면서 생각이 어디로 향했는지도 관심을 기울여보아라. 게임을 다 하고 나서도 시간에 대한 감각이 얼마나 정확해졌는지 궁금해서 다시 하고 싶은 마음이 들지도 모른다.

| 우리는 불안에 어떻게 대처 하는가

지금 이 순간에 의식적이고 유연하게 머무는 것이 불안한 감정과 양립할 수 없다는 개념에 대해 더 자세히 알아보자. 조용히 앉아서 순간에 머무는 것이 도대체 어떻게 불안한 감정에 영향을 끼칠 수 있다는 것일까?

불안의 기능에 관해 논의했던 2장에서, 인간이 불안해하는 가장 중요한 이유 하나는 예측 가능한 고통에서 자신을 보호하려는 것이라고 했던 말을 기억할 것이다. 눈앞에 닥친 위협의 구체적인 원인을 감지하고 두려움을 느낄 때, 인간의 방어적인 행동은 불안할 때와 달리 매우 빠르고 집중적이다. 날카로운 이빨을 드러내고 갑자기 달려드는 여우를 만나면, 다람쥐는 온 힘을 다해 자기 몸집보다는 크고 여우보다는 작은 바위틈으로 달려갈 것이다. 만약 그 순간의 경험에 집중하기 위해 멈춰 선다면 다람쥐는 여우의 점심식사가 될 것이다. 이와 마찬가지로 복잡한 거리에서 친구의 재미있는 이야기를 들으며 걷고 있다고 해 보자. 친구가 가장 재미있는 부분을 말하려는 찰나, 자동차 바퀴가 날카롭게 멈추는 소리와 함께 유리 깨지는 소리가 들린다. 이런 상황에서 당신은 어떻게 하겠는가? "그래서 농부가 그 외판원한테 뭐라고 말했는데?"라고 친구에게 묻겠는가? 물론 아닐 것이다. 당장 모든 능력을 동원해 어디서 소리가 났는지, 당장 도망가거나 몸을 숨겨야 하는 건 아닌지 판단할 것이다. 여우에게 쫓기는 다람쥐처럼 자신을 보호하기 위한 행동이 필요하다면, 깊이 생각하지 않고 어디가 안전한지 확인한 다음 그 곳으로 달려갈 것이다. 아주 빠르게.

그리고 바로 여기서 문제가 발생한다. 아주 빨리 달린다는 것. 다람쥐가 여우를 발견하거나 당신이 타이어 마찰 소리를 듣는 것은 지금 이 순간 실재하는 위협에 관한 지각이다. 하지만 인간은 불안을 느낄 때에도 즉 무엇이 당신을 해칠지 확실히 모를 때에도 자신을 보호하기 위해 아주 빨리 반응하려는 경향이 있다. 당신을 불안하게 만드는 물건이나 사람, 혹은 상황을 확인하고 안전한 곳을 찾은 다음 그 곳으로 가려한다. 아주 빨리.

3장에서 버니스가 등장했던 게임을 떠올려 보아라. 도시락 가방을 손에 들고 친구들이 있는 곳으로 가고 있다. 버니스가 햄 샌드위치 너머로 당신을 쳐다본다. 이번에는 아까와 달리 버니스가 당신에게 악담을 퍼부을 거라고 상상하지 말고 그저 무슨 일을 벌이거나 무슨 말을 할지도 모른다고만 생각해 본다. 무슨 일일지는 모른다. 버니스가 당신에게 함께 있기 싫다고 하거나 동료들 앞에서 당신을 난처하게 만든다면 어떤 느낌이 들까? 그런 어색하고 고통스러운 상황에 처한다면 기분이 어떨까? 당신은 그 고통에서 자신을 보호하기 위해 어떻게 할 것인가? 어쩌면 자신이 다람쥐처럼 느껴져 바위 틈 대신 당신 책상으로 숨을지도 모른다. 바로 그 순간 버니스는 배고픈 여우이며, 당신은 그 상황에서 급히 빠져나와야 한다. 아주 빨리.

하지만 그와 반대로 느긋해 질 수도 있다. 당신이 처한 상황은 다람쥐가 처한 상황과는 매우 다르다. 버니스는 무엇이든 될 수 있지만 잔인한 육식 동물은 될 수 없다. 버니스가 실제로는 그런 악담을 하지도 않겠지만, 만약 그렇다면 당신은 기분이 몹시 상할 것이다. 하지만 그럼에도 불구하고 퇴근 시간이 되면 손가락 하나 다치지 않고 집에 갈 수 있다.

친구들을 향해 한 걸음씩 다가가며 그 순간의 경험에 온전히 집중하고 당신의 몸이 어떻게 반응하는지 살펴보면, 도망가고 싶었던 강렬한 마음이 사라지기 시작한다는 것을 느낄 수 있을 것이다. 배가 딱딱하게 뭉친 느낌이 있었다. 사라진다. 옆구리에 땀이 흐르고 있다. 좋다. 그 느낌도 사라졌다. 버니스가 언제든 당신에게 상처를 줄 수 있다고 생각한다. 하지만 버니스는 지금 다이어트 소다 뚜껑을 만지작거리고 있다. 자리에 앉는다. 옆자리의 친구가 인사를 한다. 버니스도 당신을 보고 고개를 끄덕인다. 어쩌면 그 순간 당신에게 불만을 쏟아내기 시작할 수도 있다. 당신은 그저 무슨 일이 일어나는지 기다리기만 하면 된다.

그렇다고 불안이 완전히 사라진 것은 아니다. 불안은 여전히 거기에 있다. 일이 엉망진창 꼬여 버릴지도 모른다는 생각이 들 때면 누구나 불안을 느끼기 때문이다. 하지만 발걸음을 의식하며 천천히 걷다보면, 견딜 수 없을 것 같던 느낌들이 시간이 흐르면서 서서히 사라질 수도 있다. 그리고 도망가는 것 말고 더 많은 선택권이 있다는 것도 깨달을 수 있을 것이다. 점심시간에 친구들과 즐거운 시간을 보내는 것처럼, 당신에게 중요한 일이 엉망진창 꼬여 버릴지도 모른다고 늘 불안해하면 가슴이 쿵쾅거리고 심장이 두근거리는 느낌에서도 영영 벗어날 수 없다는 사실도 깨달을 수 있을 것이다. 하지만 이런 깨달음도 마음을 가라앉히고 시간을 내지 않으면 얻을 수 없다. 다시 말하면, 지금 이 순간에 뿌리를 내리지 않고 언제나 10분 후의 미래에 살고 있다면 결코 깨달을 수 없다.

이번 게임은 마음을 가라앉히는 방법을 가르쳐줄 것이다. 호흡 명상은 마음챙김의 첫 단계로 가장 널리 알려진 방법이다. 하지만 그보다 훨씬 깊게 들어가는 사람도 있다. 더 정확히 말하자면 오랫동안 호흡 명상을 계속하기도 한다. 호흡을 세는 명상은 간단하면서도 매우 심오한 방법이기 때문이다.

> **제목 : 호흡 명상**
>
> **준비물 :** 편안한 의자나 방석, 타이머
>
> **난이도 :** 처음에는 쉽지만 계속할수록 어려워진다.

호흡 명상은 아마 마음챙김과 관련된 가장 대중적인 명상법일 것이다. 충분히 그럴 만하다. 지금 이 순간을 온전히 자각하는데 필요한 집중 대상을 제공하기 때문이다. 집중할 대상은 어떤 것도 좋지만, 호흡에 집중할 때의 몇 가지 이점이 있다. 우선 돈이 들지 않는다. 그리고 집중하고 싶을 때마다 언제든 마음대로 사용할 수 있다. 또한 호흡은 인간과 인간을 둘러싼 물리적 세계를 연결시켜 준다. 그리고 자세히 들여다보면 호흡의 깊이, 리듬, 코를 통해 폐로 들어가는 공기의 미세한 움직임, 가슴의 느낌 등 이전에는 느끼지 못했던 많은 것들이 호흡하는 과정에 포함된다는 것을 발견할 수 있을 것이다. 이 모든 이유로 호흡은 마음을 돌보는 훌륭한 수단이 될 수 있다.

처음에는 짧게 시작하는 것이 좋다. 3분이 적당하지만 3분도 호흡에 온전히 집중하기에는 긴 시간이다. 3분이 길다고 느껴진다면 1분으로 시작해도 좋다. 최소한 15분, 30분, 길게는 45분까지 호흡에 집중할 수 있도록 천천히 시간을 늘려라. 하지만 얼마나 오래 앉아 있느냐보다 규칙적으로 호흡하는 것이 더 중요하다. 아침과 저녁 시간에 짬을 내서 명상을 하는 것도 좋다. 하지만 호흡 명상도 단지 한 가지 방법일 뿐이다. 지금 이 순간에 집중할 수 있다면 어떤 방법이든 자신한테 편한 방법이 가장 알맞은 방법이다.

호흡 명상이 처음이라면 우리가 제시하는 방법을 따르는 것이 좋다. 호흡을 세다 보면 마음이 산만해지기 시작할 때 다시 집중하기 쉬울 것이다. 하지만 시간이 지나면 호흡을 세지 말고, 들숨과 날숨 자체에 자연스럽게 집중하는 것이 좋다.

호흡하는 동안 배와 가슴이 부풀었다 가라앉는 느낌, 윗입술과 콧구멍 안의 시원한 느낌, 폐에서 느껴지는 압력 등 몸에서 느낄 수 있는 모든 감각에 집중해 본다. 호흡의 미세한 부분까지 인식할 수 있다면, 훨씬 깊이 있는 명상을 할 수 있을 것이다.

1. 시간을 확인할 수 있는 타이머를 준비한다. 알람 기능이 있는 시계, 휴대 전화도 좋지만 이것들은 보통 연기 탐지기처럼 요란하게 울린다. 명상을 더 부드럽게 마무리하려면 명상을 위해 특별히 제작된 간단한 소프트웨어 프로그램이나 어플리케이션도 좋다. 부드러운 징

소리나 절에서 쓰는 종소리가 나는 타이머도 있다. 요란한 알람보다 훨씬 편안하게 명상을 마무리할 수 있을 것이다.

2. 조용한 곳에 자리를 잡는다. 정신을 산만하게 하는 소음이나 빛, 냄새가 없는 곳이 좋다. 방석을 깔고 앉거나 의자에 앉아 등을 곧게 펴고 편히 앉는다. 눈꺼풀을 가볍게 내리고 시선은 일 미터 정도 앞의 바닥이나 땅의 한 점에 둔다. 눈을 감아도 좋다. 눈을 감으면 졸음이 오거나 방향 감각을 잃는다면 가볍게 눈을 뜨고 바닥의 한 점을 부드럽게 응시한다.

3. 타이머를 작동시키고 아주 천천히 깊게 숨을 들이 쉬고 내쉰다. 세 번째로 숨을 내쉬고 나면 호흡의 속도나 깊이에 신경 쓰지 말고 평상시처럼 호흡한다.

4. 복식 호흡을 한다. 배에 숨을 가득 채운 다음 가슴을 채운다. 내쉴 때는 반대로 한다.

5. 호흡이 편해지면 호흡을 세기 시작한다. 한 번 들이 쉴 때 '하나'를 세고 자연스럽게 내쉰다. 다시 들이 쉴 때 '둘'을 센다. 들이 쉴 때만 숫자를 세면서 '열'이 될 때 까지 반복한다. 몇 까지 세었는지 잊거나 숫자를 반복해도 괜찮다. 언제든 다시 시작하면 된다.

6. 열 번 호흡한 다음 잠깐 동안 몸에 느껴지는 감각에 집중해 본다. 호흡의 흐름, 앉아 있는 방석이나 의자의 질감, 피부에 닿는 공기의 감촉을 느껴본다. 명상을 하지 않았다면 듣기 힘들었을 미세한 소리가 없는지 귀를 기울여 본다. 피부에 닿는 옷의 느낌이나 옷깃이나 어깨에 닿는 머리카락의 무게처럼 아주 미세한 부분까지 주의를 기울여 본다.

7. 신체에 대한 지각을 마치면 다시 열 번 호흡한다.

8. 호흡하는 동안 머릿속에 여러 가지 생각이 떠오를 것이다. 떠오르는 생각을 인식하고 다시 내려놓는다. 그리고 부드럽게 호흡으로 되돌아간다. 하다보면 호흡을 셀 때 집중이 더 잘되는지, 신체적 감각을 느낄 때 집중이 더 잘되는지 알 수 있을 것이다. 생각이 떠오르면 자신한테 더 알맞은 방법으로 다시 호흡에 집중한다.

9. 생각이 떠오르는 것은 전혀 문제가 아니다. 몹시 흔한 일이며 명상의 일부이자 당연한 과정이다. 다시 호흡으로 돌아오는 과정을 관찰하는 것이 지속적으로 호흡하는 것만큼 중요하고 의미 있다.

10. 타이머가 울리면 아주 천천히 깊게 세 번 호흡한다. 그러고 나서 눈을 뜨고 지금 있는 곳에 대한 감각을 되찾는다. 부드럽게 스트레칭

을 하는 것도 좋고, 오랫동안 앉아 있어서 다리나 등이 저리거나 뻐근하다면 잠깐 산책을 하는 것도 좋다.

| 불안을 통해 무엇을 배울 수 있을까

이 시점에서 현재에 머무르는 것만이 정답이라고 생각하지는 말라고 경고하는 것이 좋을 듯하다. 우리의 목표이자 독자들의 목표는 무엇보다도 심리적 유연성이다. 불안한 감정을 느끼면서도 가치 있는 삶을 살고 싶다면 말이다. 현재에 머무르는 것은 불안이 삶에 끼치는 영향을 완화시켜주는 한 가지 방법일 뿐, 유일한 방법은 아니다. 짐 하나를 내려놓으면서 다른 짐을 들어 올리는 실수는 하지 않길 바란다.

지금 이 순간에 의식적으로 집중하는 것은 물론 좋다. 하지만 항상 그래야 하는 것은 아니다. 공상에 빠지는 것은 주변에서 일어나는 사건에서 멀어지는 것을 뜻한다. 따뜻한 봄날 잔디에 누워 햇살을 받으며 공상에 빠지는 것은 괜찮다. 우리도 추천하는 바다. 하지만 운전하는 중에 그와 같은 공상에 빠지면 그 결과는 처참할 수 있다. 중요한 것은 현재에 머물러야 할 때와 그렇지 않은 때를 구별하는 것이며, 당신의 가치에 부합하는 일에 집중할 수 있는 능력을 키우는 것이다.

그렇다면 그 두 가지를 구별하는 능력은 어떻게 키울 수 있을까? 인간은 자신을 둘러싼 환경과 상호작용하며 그 안에서 배우고 형성된다. 그렇기 때문에 물리적으로 뿐만 아니라 심리적으로도 자신을 둘러싼 환경 안에 존재해야 한다. 예를 들어 개나 거미에 대한 두려움을 없애기 위해서는 다양한 방법으로 개나 거미와 상호작용을 해야 한다. 교실에 앉아 창밖의 구름을 바라보며 공상에 빠지면 대수학은 배울 수 없다. 대수학을 배우려면 여러 가지 공식, 숫자, 변수 등과 반드시 상호작용 해야 한다. 우리를 둘러싼 복잡한 세상, 일, 가족, 우정 등과 효과적으로 상호작용 하기 위해서는 삶에서 마주하는 여러 가지 상황을 마음을 열고 받아들여야 한다. 주변 환경에 의식적으로 주의를 기울이거나, 이를 받아들이는 능력을 키우지 못하면 환경은 인간에게 아무것도 가르쳐 줄 수 없고 가르쳐 주지도 않을 것이다.

우리가 무슨 말을 하려 하는지 독자들도 이해했을 것이다. 우리가 불안을 느끼는 대상은 이 세상을 어떻게 받아들일 수 있으며, 어떻게 받아들여야 하는지에 관해 실로 많은 것을 가르쳐 줄 수 있다. 그러한 통찰력이 전부는 아니지만 중요한 것임엔 틀림없다. 삶의 특정 부분에서 고통스러운 경험이 지속된다면, 그 경험이 이 세상에 대해 가르쳐줄 수 있는 것은 무엇일까? 그 경험에 대처하는 가장 좋은 방법에 관해서는? 물론 고통스러운 경험을 깊이 파고드는 것은 두려울 수 있다. 그러나 다시 한 번 말하자면, 빨리 달아나려는 마음을 늦추는 것이 곧 그 상황에서 달아나는 것과 그 상황을 탐험하는 것의 차이를 가져온다. 이를 마음에 새기고 3장의 마지막 게임을 해 보자. 이 게임을 통해 불안이 우리에게 하고 싶은 말이 무엇인지 발견할 수 있을 것이다.

제목 : 불안한 생각 바라보기

준비물 : 상상력

난이도 : 상

이 게임은 다소 복잡해서 시작하기 전에 충분한 연습이 필요할지도 모른다. 그렇다고 아주 복잡한 것은 아니다. 3장에서 했던 다른 게임들처럼 이미 존재하는 것을 더 명확히 바라볼 수 있도록 눈앞으로 불러들이는 게임이라고 생각하면 될 것이다. 이 게임을 하려면 보이지 않는 것을 그려볼 수 있어야 하며, 시작하기 전에 순서를 미리 기억하는 것이 좋다. 처음에는 다소 어려울 수 있다. 순서를 기억하기 힘들다면 작은 녹음기나 컴퓨터를 이용해 자기만의 오디오 명상 가이드를 만들어도 좋다. 재미도 있을 뿐만 아니라 게임의 효과를 두 배로 만들어줄 것이다.

이 게임은 기본적으로 우리를 괴롭히는 생각을 받아들이고, 이에 대해 더 잘 알기 위한 게임이다. 처음에는 잘되지 않을 수도 있다. 혼자서 하기 힘들면 당장 하지 않아도 된다. 나중에 해도 괜찮고, 당신에게 더 편한 다른 마음챙김 명상을 해도 좋다. 이 게임의 목표는 불안한 생각을 있는 그대로 받아들이는 것이다. 생각이나 사건을 있는 그대로 받아들인 다음 다시 놓아주면 된다. 불안한 생각에 물리적 실체가 있다고 상상함으로써 불안한 생각을 새로운 시각으로 바라보고, 친절과 연민으로 대해야 할 당신의 일부로 받아들일 수 있게 될 것이다.

1. 단단한 의자나 방석 혹은 양지바른 곳에 편히 앉는다. 천천히 깊게 세 번 호흡한다. 그러고 나서 몇 분 동안 호흡에 집중한다. 원한다면 열 번씩 호흡하기를 몇 회 반복해도 좋다.

2. 호흡이 안정되고 나면 당신을 괴롭혔던 불안한 생각에 집중한다.

3. 마음속으로 그 생각에 모양을 부여한다. 달걀 모양일 수도 있고, 정육면체처럼 각이 졌을 수도 있으며, 쌓인 낙엽 더미처럼 무질서할 수도 있다. 특별한 모양이 없을 수도 있다. 어떤 모양도 괜찮다. 모양이 잡히면 이제 색을 입힌다. 밝은 빨간색이나 흐린 회색도 괜찮고, 수박처럼 초록색이거나 나무줄기처럼 갈색일 수도 있다. 불안한 생각의 모양과 색이 정해졌다면 마지막으로 사람이나 동물처럼 겉모습을 그려 넣는다. 눈, 코, 귀, 입을 그려 넣고 원한다면 팔이나 다리, 날개, 꼬리도 좋다. 친근한 모습이든 위협적인 모습이든 그저 바라본다. 대상은 단지 당신의 생각일 뿐이며 당신을 해칠 수 없다.

4. 겉모습이 완성되면 그것이 당신 몸 속 어느 부분에 있는지 상상한
   다. 머릿속을 떠다니는가? 가슴에서 움직이는가? 손가락 끝에 있거
   나 엉덩이 밑에 있을 수도 있다. 움직임이 없을 수도 있고 돌아다닐
   수도 있다. 무엇을 하고 있든 몸속의 그 생각을 느껴본다.

5. 이제 그 생각을 몸 밖으로 불러낸다. 쫓아낸다는 생각으로 불러내지
   않는다. 다른 시각으로, 다른 각도와 빛으로 바라볼 수 있도록 꺼내
   는 것이다. 밖으로 나온 생각은 방 저편에 앉아 있을 수도 있고, 머
   리 위에서 떠다닐 수도 있다. 그 생각이 움직이는 대로 지켜본다.

6. 몸 밖으로 나온 당신의 생각을 충분히 인지했다면 이제 질문을 해
   본다. "원하는 게 뭐니?" 그리고 대답에 귀를 기울인다. 대답을 듣고
   그 대답에 대해 잠깐 생각한다. 당신의 생각이 정말 필요한 것을 말
   했는지, 그저 원하는 것을 말했는지 느껴본다. 필요하다면 무엇을
   원하는지 다시 물을 수 있다. 확신이나 안전한 느낌이 필요하다고
   할 수도 있고, 사랑과 보호가 필요하다고 할 수도 있다. 어떤 대답을
   하든 지켜보며 귀를 기울인다.

7. 그 생각과 함께 잠시 조용히 앉아 있는다. 그런 다음 상상 속에서
   그 생각에게 친절이라는 작은 선물을 베풀어 본다.

8. 생각을 다시 몸 안으로 불러들인다. 생각은 당신 안에 있는 것이다. 이 게임의 목표는 생각을 몰아내거나 제거하는 것이 아니다. 특별한 노력 없이 자연스럽게 왔다가 사라질 수 있도록 아무런 판단 없이 다정하게 대하는 방법을 배우는 것이다.

9. 생각이 몸 안으로 들어오면 다시 호흡에 집중한다. 평상시처럼 열 번 호흡하고 천천히 깊게 세 번 호흡하면서 마무리한다. 가만히 눈을 뜨고 주변에 대한 감각을 되찾는다.

이 게임을 하면서 깜짝 놀라는 사람이 많을 것이다. 불안한 생각을 몰아내기 위해 오랫동안 노력해 왔다면 불안한 생각을 의식적으로 떠올린다는 것은 물론, 그 생각을 키우거나 돌본다는 생각이 무척 어색할 수도 있다. 하지만 이런 시각화 과정에는 역설적인 지혜가 담겨 있다. 불안한 생각과 친구가 되면 그 생각 때문에 괴로워 할 가능성은 줄어든다. 그 친구는 위협적이고 두려운 친구가 아니라, 도움의 손길이 필요하거나 두려움에 가득 찬 어린이일 수도 있다. 불안한 생각에 연민을 가지고 친절하게 대하다 보면 자기 자신도 그처럼 돌보고 배려할 수 있을 것이다. 시간이 흐르면서 종종 불안한 생각에 휩쓸리더라도 예전보다 자기 자신을 더 잘 받아들이고 비난은 덜 할 수 있다는 사실을 발견할 수 있을 것이다.(미리 얘기하자면 이 생각은 「맥락으로서의 자아」에 관한 8장에서도 몹시 중요한 개념이다.)

연습을 계속하다보면 불안의 한 가운데 있을 때에도 마음이 움직일 여유는 있으며, 불안한 생각을 위한 공간을 적극적으로 마련할 수 있다고 느끼게 될 것이다. 그러면 비로소 다음 단계로 넘어갈 수 있다. 다음 단계는 바로 「인지적 탈융합」이다.

04

네 생각을
들려줘
:인지적
탈융합

대상을 지각하는 데에는,
그 대상이 상실된 것만큼의 비용이 든다네.
지각 그 자체는 그 가격에 맞는
이득이 된다네.
절대적 대상은 무(無)라네.
지각은 대상을 아름답게 해놓고,
그런 후에는, 아주 멀리 놓이게 된
완벽을 비난한다네.

–에밀리 디킨슨, 『대상을 지각하는 데에는』

옛날에 무너져 가는 집에 홀로 사는 어둠을 무서워하는 겁쟁이 남자가 있었다. 그는 작은 소리만 나도 두려움에 떨며 밤마다 뜬 눈으로 지새웠다. 마침내 불안한 마음을 가라앉혀보고자 최후의 수단으로 권총을 구입했다. 처음에는 권총이 도움이 되었다. 그래도 깊이 잠들지는 못했지만, 두려운 마음이 하늘을 찌를 때, 베개 밑에 있는 권총을 꺼내 문을 향해 겨누고 있다 보면 기분이 조금은 나아졌다. 한참이 지나도 아무 일이 없으면 다시 권총을 베개 밑에 넣고 잠이 들었다.

얼마 동안은 그 방법이 통했다. 하지만 어느 후텁지근한 밤, 그는 불안한 꿈을 꾸다가 잠에서 깨어났다. 모든 것이 고요했다. 너무 고요해서 더 이상했다. 보름달의 환한 빛이 창문을 뚫고 들어와 방 안을 비추고 있었다. 다시 베개에 고개를 묻고 잠을 청하려는 바로 그 때, 침대 발치에서 자기를 노려보고 있는 반짝 반짝 빛나는 눈동자 두 개를 발견했다. 그는 공포에 휩싸였다. 갑자기 심장 박동이 빨라지고 숨조차 쉴 수 없었다. 그는 천천히, 아주 천천히 팔을 뻗어 권총을 꺼내 들었다. 총부리를 두 눈동자 한 가운데로 겨누고 방아쇠에 손가락을 걸었다. 그리고 잠시 후 자기도 모르게 이렇게 외쳤다.

"당장 여기서 나가! 안 나가면 쏜다!"

침대 발치의 물체는 눈도 깜빡하지 않고 차갑게 그를 노려보았다. 그는 다시 소리를 질렀다.

"진짜 쏜다!"

그리고 그가 침대 위에서 몸을 일으키자 그 물체도 그를 향해 달려들었다. 그는 방아쇠를 당겼다.

그리고 나서 다시 한 번 비명을 질렀다. 엄지발가락 한 개가 깨끗이 사라졌기 때문이다. 이불 밖으로 빠져 나와 있는 다른 쪽 엄지발가락처럼, 달빛에 반사된 발톱이 무시무시한 괴물로 보였던 것이다.

● 침몰하는 생각의 배

할로윈 때 아이들을 겁주기 좋은 바보 같은 이야기다. 하지만 이 이야기의 전제는 4장의 내용과 깊은 관계가 있다. 불안에 떠는 남자가 주인공이기 때문은 아니다. 우리가 이 이야기에 관심을 기울이는 가장 큰 이유는 바로 자기 발가락에 총을 겨누게 만들었던 그의 말도 안 되는 〈생각〉 때문이라고 할 수 있다.

그는 자기 엄지발가락이 한 밤중에 자기를 덮치려는 괴물의 눈이라고 생각했고, 그래서 발가락에 총을 쏘았다. 그는 총을 쏘면서 괴물을 쫓아내거나 죽이거나 그것도 아니라면, 자기한테 해를 끼치지 못하게 하고 싶었을 것이다. 아주 간단한 공식이다. 괴물은 나쁘다. 괴물이 나타나면 무슨 짓을 해서라도 달아나거나 쫓아내야 한다.

하지만 안전하고 편한 소파에 앉아서(혹은 독자들이 앉아서 책을 읽고 있는 어디에서든) 곰곰이 생각해보면 그의 생각에 허점이 많다는 것을 알 수 있을 것이다. 그는 괴물의 눈이 어둠 속에서 어떻게 보이는지 잘 알고 있었을까? 침대 발치에 숨어있는 괴물을 본 적이 많았을까? 아니면 진짜로 괴물을 본 적이 있기나 한 걸까? 그가 보통 사람들과 다르지 않다면 대답은 〈아니오〉일 것이다. 그리고 백 번 양보해 괴물의 존재를 인정 한다 해도, 괴물이 자기한테 달려든다고 자기 발가락이 있는 곳에 총을 쏘는 것이 과연 가장 좋은 방법이었을까?

그러나 뭐라고 따져보아도 이야기는 바뀌지 않는다. 그는 침대 발치에서 빛나는 동그란 두 물체를 보았고, 그것이 괴물의 눈이라고 생각했으며, 그 생각에 맞게 행동한 것이다.

이 상황을 공식으로 간단히 정리하면 다음과 같다.

나는 X라고 생각했다. 그래서 Y로 행동했다.

X = 두려운 생각

Y = 자신과 타인의 삶에 특정한 결과를 초래하는 행동

이 공식은 물론 이 이야기에만 해당되는 것은 아니다. 의심스럽다면 가장 즐겨 찾는 뉴스 검색 엔진으로 들어가 '총기 오인 사격'이라는 검색어를 입력해보아라. "다른 사람인 줄 알고 쐈어요."라는 비극적인 사건이 얼마나 많은지 발견할 수 있을 것이다.

원한다면 더 깊이 살펴볼 수도 있다. 근처의 도서관이나 인터넷에서 다음과 같은 이야기를 찾아보아라. "나는 나쁜 피가 특정한 질병의 원인이 된다고 생각합니다. 그래서 열이 나거나 오한이날 때, 혹은 인후염에 걸릴 경우 팔을 깊이 절개해 한동안 나쁜 피가 다 빠지도록 할 것입니다." 잘 못 찾겠다면 조지 워싱턴의 전기를 찾아 처음부터 끝까지 대충 훑어보아라. 18세기에 유행했던 사

혈 치료에 대해 언급한 부분이 틀림없이 있을 것이다.

다소 과장되고 흔치 않은 예를 들었지만, 이 공식은 분명 겁쟁이 남자와 18세기 돌팔이 의사한테만 해당되는 것은 아닐 것이다. 이번에는 그보다 평범한 예를 한 번 살펴보자.

- 나는 사람들한테 호감을 주지 못하고 사람들을 지루하게 만들기 때문에 그 파티에 정말 가고 싶지만 가지 않을 것이다.
- 나는 무책임하고 성숙하지 못하기 때문에 결코 좋은 부모가 될 수 없을 것이다.
- 나는 게으르고 어리석기 때문에 그 프로젝트를 맡지도 않고, 다음 직원회의에서 그에 대한 이야기도 꺼내지 않을 것이다.

우리가 생각하는 것과 느끼고 행동하는 것 사이의 연관성이 보이지 않는가? 우리의 생각은 삶에서 우리를 불안하게 하는 요소와 또한 직접적인 관련이 있다고 할 수 있다. 어쩌면 이를 통해 대단한 사실을 발견할 수 있을지도 모른다.

● 생각의 파도를 딛고 일어서라

그렇지만 서두르지는 말자. 앞서 이야기한 것을 토대로 불안은 침대 발치에 괴물인지 뭔지가 있다는 믿음, 즉 부정확한 사고의 결과라고 해석하고 싶을 것이다. 그리고 이 깨달음을 통해 어떤 생각이 정확하고 어떤 생각이 그렇지 않은지 판단한 다음, 그릇된 생각을 당장 바꿔야 한다고 생각할 수도 있다.

많은 사람들이 그렇게 생각할 것이다. 20세기 후반의 위대한 심리학자들이 내린 결론도 그와 마찬가지다. 20세기 후반은 불안이나 우울과 같은 문제가 비뚤어지고 비이성적인 생각 때문에 발생한다고 생각하는 다양한 인지 요법과 심리 요법이 발달한 시기였다. 이는 그 당시 심리 치료에 매우 중대한 발전이었다. 그러한 접근법을 통해 심리 치료사들은 정신 질환의 원인을 무의식적인 감정과 충동에서 찾았던 프로이드의 접근법을 넘어서, 심리치료가 사람들의 정신 건강을 실제로 개선시킬 수 있다는 결론을 뒷받침하는 탄탄한 과학적 근거를 발전시켰다.

우리의 생각과 우리의 기분이나 감정 사이에 연관성이 있다는 것을 발견하기는 매우 쉽다. 하지만 감정을 바꾸기 위해 생각을 확인하고, 조절하고, 바꾸는 것은 그리 쉽지 않다.

겁쟁이 남자와 혁명 시대의 외과 의사를 보면, 앞에서 제시한 공식에서 문제는 X, 즉 유감스러운 행동을 유발했던 부정확한 생각에 있다고 쉽게 결론 내릴 수 있다. 엄지발가락이 괴물의 눈이라거나 나쁜 피가 감기의 원인이라는 터무니없는 생각을 한다면, 자기 발가락에 총을 쏘거나, 안 그래도 약하고 탈수 상태인 환자가 죽음에 이르도록 피를 빼는 것처럼 무모하고 위험한 행동을 하게 될 것이다. 그리고 이는 앞에서 예로 들었던, 누구에게나 해당될 수 있는 더 일상적인 문제에서도 쉽게 찾아볼 수 있다. 많은 사람들이 자기를 사랑스럽고 매력적이라고 생각한다 해도, 자기 스스로 호감이 가지 않고 지루한 사람이라고 생각한다면, 사람들 앞에 나서지 않거나 파티에는 가지 않을 것이다. 고지서를 제 때 납부하고 아이를 돌보는 재주가 많아도, 스스로 무책임한 사람이라고 확신하고 있다면 아이는 낳지 못할 것이다.

잘못된 생각이 문제의 원인이라면 〈X를 바꾸면 Y를 바꿀 수 있다〉는 공식이 옳을 수도 있다. 오류가 있거나 왜곡된 생각의 내용을 바꾸면 그에 대한 감정을 바꿀 수 있을 것이고, 그에 따라 세상과 상호작용하는 방법 또한 바꿀 수 있을 것이다. 이 역시 그럴 듯 해 보인다.

하지만 한 가지 예를 더 들어보자. 공황 발작 때문에 힘들어하던 남자가 있다. 가끔 전혀 위협적이지 않은 멀쩡한 상황에서도 빠져나갈 수 없는 위험한 상황에 처해 있다는 생각에 사로잡힌다. 갑자기 힘이 없어지고 메스꺼워지며 호흡이 가빠지고 가슴에 극심한 통증이 느껴진다. 심장 마비가 올지도 모른다는 생각이 들고, 그 때문에 더욱 공포에 빠진다. 그럴수록 증상 또한 심해진다. 이제 이 남자가 실제로 심장 마비를 겪을 가능성이 매우 높다고 해 보자. 관상동맥 네 군데가 80%정도 막혔고, 가슴에서 느껴지는 통증은 실제로 협심증이다. 이럴 경우 그의 생각은 사실 매우 정확하다고 할 수 있다. 비록 불안한 감정을 증폭시키는 부정확한 생각과 하는 역할은 비슷하지만 말이다.

그리고 여기 또 다른 예가 있다. 수줍음이 많은 어떤 대학생이 학업적인 문제로 고민하고 있다고 해보자. 그 학생은 수업에 참여하거나 다른 학생들과 관계를 맺는 것을 힘들어한다. 수업 시간에 배우는 내용이 너무 버겁지만 질문을 하거나 수업에 참여하려 했다가는 바보처럼 보이지 않을까 걱정한다. 게다가 자기는 다른 사람들한테 호감을 주지 못하기 때문에 쉬는 시간에 친구들에게 말을 걸어도 거절당할 거라고 생각한다. 이런 상황이라면 많은 사람들이 그 학생은 충분히 똑똑하고 잘 할 수 있지만, 자신의 그릇된 생각과 자기 안의 혹독하고 비판적인 목소리의 희생자일 뿐이라고 생각할 것이다. 하지만 대학 수업 내용 중에는 실제로 정말 어려운 것도 있다. 그 학생이 수업에 참여하다가 실수를 할 수도 있고, 더 똑똑한 학생들이 그 학생을 놀릴 수도 있다. 그런 일은 흔하다. 그리고 사회생활에서 위험을 무릅쓰고 나서다가 더 위험해질 수도 있다는 것은 널리 알려진 사실이다. 간단히 말하자면 그 학생의 생각은 충분히 정확할 수 있다. 그 학생이 걱정하고 있는 고통스러운 상황이 실제로 일어날 수도 있다는 사실을 뒷받침할 증거는 누구나 하나쯤 댈 수 있을 것이다. 하지만 그 학생이 학업적인 성취를 위해서나 친구들과의 관계를 즐기기 위해서는, 지금 하고 있는 생각에 상관없이 수업에 참여하고 타인과 관계를 맺어야 한다. 그 학생이 어떤 수단을 동원해서든 자기 생각을 바꾸면 어떻게 될까? "수업시간에 입을 벌렸다가는 틀림없이 사람들의 웃음거리가 될 거야."라는 생각을 어떻게든 없애고, 역사 수업 시간에 이순신 장군이 삼국을 통일했다고 말한다면 어떻게 될까? 그렇다. 꽤 어려운 상황에 직면하게 될 것이다. 어쩌면 어떤 생각을 하느냐가 중요한 것은 아닐지도 모른다. 그리고 이 문제에 대한 판단을 잠시 보류한다 해도 그보다 더 큰 문제가 있다. 생각이 정확한지 아닌지 판단하는 것과 실제로 그 생각을 바꾸는 것은 별개의 문제다. 우리는 결국에는 아무렇지도 않을 일을 몹시 과장해서 생각하는 경향이 있다. 불안 때문에 힘들어했던 사람이라면 누구나 공감할 것이다. 몇 달 동안 두려워했던 프레젠테이션은 별다른 문제없이 끝난다. 멋진 휴가를 보내고 집으로 돌아오는 동안 비행기는 아무 문제가 없었고, 마음에 들지 않은 것은 기내식뿐이었다. 그렇다. 걱정할 거 하나 없다고 주문을 외울 수 있다. 아마 지금까지 수도 없이 그래왔을 것이다. 하지만 걱정할 거 없다고 주문을 외운 다음에도 정말 걱정할 필요가 하나도 없는지 확인하느라 몇 시간씩 고민할 수 있다. 그러면서 다시 걱정에 휩싸인다. 생각을 바꾸거나 멈추거나 없애기 위해 노력해본 적이 있다면, 과연 얼마나 효과가 있었는지 한 번 생각해보아라. 아마 별 효과가 없었을 것이다.

이제 생각을 바꾸는 것이 정말 가능한지에 대한 실험을 해 보자. 당신을 불안하게 만드는 심각한 생각으로 실험을 하지는 말자. 별로 중요하지 않고 대수롭지 않은 생각으로 충분하다.

제목 : 레스터라는 사람에 대해 생각하지 않기

준비물 : 1단계-타이머

2단계-종이와 펜, 짧은 끈

난이도 : 측정 불가

미국사회보장국에 등록된 이름에 관한 자료를 수집하고 분석하는 베이비 네임 위저드(www.babynamewizard.com)라는 웹사이트에 따르면, '레스터'라는 이름은 1910년대에 가장 유명했으며, 그 당시 100만 명의 아기들 중 약 1,500명이 레스터였다. 1차 세계대전 후 어떤 이유에선지 그 이름의 인기는 꾸준히 감소했다. 오늘날 100만 명 중 레스터는 100명이 채 되지 않는다. 독자들 중에도 레스터라는 사람을 알고 있는 사람은 얼마 되지 않을 것이다. 하지만 레스터라는 사람을 알고 있다면 아주 좋다. 이 게임은 그 사람들에게 훨씬 재미있을 것이다.

레스터라는 사람을 모른다면 다음 단락을 천천히 주의 깊게 몇 번 읽어보아라.

레스터는 38살 남자다. 키가 크고 짧은 갈색 머리에 머리가 약간 벗겨졌다. 눈동자는 갈색이고 광대뼈가 약간 도드라졌다. 항상 깔끔하게 면도를 하고 늘 정장을 차려 입는다. 어렸을 때 스키를 타다가 다친 흉터가 오른쪽 뺨에 선명하게 남아 있다. 뉴멕시코 주의 앨버커키에 산다.

레스터를 알고 있다면 이삼 분 동안 가만히 앉아서 레스터에 대해 당신이 아는 사실을 모두 떠올려본다. 어떻게 생겼는지, 뭘 하면서 시간을 보내는지, 당신과의 관계는 어떤지 등에 대해서 생각해 본다.

위 단락을 읽었거나 당신이 아는 레스터에 대해 충분히 생각했다면 준비가 된 것이다.

| 1단계

타이머를 2분 후로 맞춘다. 준비를 마친 후 한참이 지났다면 레스터에 대한 설명을 다시 읽거나 그에 대해 생각한다. 이제 타이머를 작동시킨다. 1단계의 목표는 레스터에 대해 생각하지 않기다. 레스터에 관한 생각만 빼면 어떤 생각도 좋다. 물론 '레스터에 대해 생각하면 안 돼.'라는 생각도 레스터에 관한 생각이니 물론 안 된다.

| 2단계

1단계가 끝나면 집게손가락에 끈을 묶는다. 그리고 종이 위에 '레스터'

라고 쓴 다음 종이를 접어 주머니에 넣는다. 이제 각자 할 일을 한다. 무슨 일은 하든지 손가락에 있는 끈을 종종 발견할 것이다. 그럴 때마다 레스터에 대해서나 주머니에 있는 종이에 대해서 생각하지 않는다.

자, 어땠는가? 게임을 하는 동안 아무 음료수나 원하는 대로 뽑아 마실 수 있는 자판기처럼 어떤 생각을 할지 조절하거나 자유롭게 선택할 수 있었는가?

아니었다고? 물론 그럴 줄 알았다. 일생동안 레스터라는 사람을 한 번도 만나보지 못했다 해도 1단계에서 성공하는 것은 불가능하다. 레스터를 떠올리는 실을 묶고 있었던 2단계에서는 더더욱 불가능하다. 그리고 만약 3단계가 있었다면 어땠을까? 며칠이나 몇 시간에 한 번씩 레스터에 대한 문장을 읽거나(혹은 당신이 아는 레스터를 떠올리거나), 손가락에 실을 묶고 있으면서 평생 동안 레스터에 대해 생각하지 않는 것이 과연 가능할까?

앞에서 언급했던 겁쟁이 남자에 대해서 다시 한 번 생각해보자. 그 남자는 "괴물이 나를 잡아먹으려 한다."는 생각을 얼마나 많이 했을까? 그리고 앞에서 언급한 세 가지 예가 혹시 당신에게 익숙했다면 당신은 '나는 사람들에게 호감을 주지 못해.', '나는 책임감이 없어.', '나는 게을러.' 라는 생각을 얼마나 자주 했는가?

우리가 하는 생각의 내용이 우리가 하는 행동에 영향을 끼친다는 사실에 반박하는 것은 아니다. 하지만 행동을 바꾸기 위해 생각의 내용을 바꾸는 것이 과연 가능할까? 레스터 게임에서 확실히 알 수 있듯 무척 어려운 일이다. 생각은 언어에 의해 만들어지며, 인간의 마음은 우리가 원하든 원하지 않든, 언어를 만들어내는 정교한 기계이기 때문이다.

그럼에도 불구하고 심리학 전문가들과 대중문화는 생각을 통제한다는 전략을 오히려 널리 받아들이고 있다. 심리학계에서 어떻게 이러한 전략을 발전시켜 왔는지에 대해 얘기하자면 길고, 이 부분에 대해 깊은 관심이 있는 사람도 얼마 없을 것이다. 20세기 후반부터 지금까지 많은 심리학자들이 이 전략에 대해 확신하고 있으며, 주저 없이 환자들에게 이를 가르치고 있다고 말하면 충분할 것이다. 대중매체 또한 이러한 전략을 강화하고 있다. 생각의 내용이라고 할 수 있는 긍정적인 사고와 긍정적인 자긍심이 좋은 생각으로 널리 받아들여지고 있다. 하지만 '나는 사랑스러운 사람이다.'와 같은 긍정적인 자기 암시가 자신감이 없는 사람들의 기분을 더 나쁘게 할 수 있다는 사실을 보여준 최근 연구 결과도 있다.(우드, 페르노빅, 리 2009)

아직도 혼란스러운가? 당연한 일이다. 다른 사람들처럼 당신도 생각의 내용에 많은 가치를 부여하고, 어떻게 하면 나쁜 생각을 좋은 생각으로 바꿀 수 있을지에 관심을 기울이는 문화에서 자랐기 때문이다. 하지만 여기서 생각의 공식에 대해 다시 한 번 살펴보자.

나는 X라고 생각했다. 그래서 Y로 행동했다.

X = 두려운 생각

Y = 자신과 타인의 삶에 특정한 결과를 초래하는 행동

이 공식을 조금만 바꿔보면 어떨까? X의 내용을 바꾸기 위해 무리하지 않으면서도 더 나은 결과를 가져올 수 있도록 바꾼다면 어떨까? 이렇게 한 번 바꿔보자.

나는 X라고 생각했다. 나는 Y로 행동했다.

X = 가볍게 바라보는, 마음이 떠올릴 수 있는 모든 생각

Y = 마음을 들여다보며 의식적으로 선택한 삶의 가치에 부합하는 행동

첫 번째 공식과 비슷해 보이지만 자세히 들여다보면 크게 다르다. X에 얽매이지 않고 이를 가볍게 바라보면 그로 인해 빛을 보지 못했던 다양한 Y가 가능해진다. ACT의 관점에서 이것이 바로 「인지적 탈융합」이다.

✹ 생각을 전부 믿지 않으면 더 많은 문이 열린다

탈융합이라는 단어는 사전에서 찾을 수 없는 새로 만들어진 단

어다. 탈융합이라는 말은 뜨거운 플라스틱 물질 두 개가 하나로 융합되는 것처럼, 말 그대로 생각에《융합》될 수 있다는 개념을 내포하고 있다. 인지적 탈융합은 생각의 내용을 마음에서 형성하는 단어들의 조합일 뿐이라고 여기는 상태를 뜻한다. 그 단어들의 조합이 우리 삶에 얼마나 유용한지에 따라 우리는 그에 맞게 행동할 수도 있고 그렇지 않을 수도 있다. 하지만 반드시 선택을 해야 한다.

탈융합과 반대되는 상태를 심리학자들은《융합》이라고 부른다. 융합은 우리가 하는 생각이 정당하거나 중요하다고 여기며, 이를 있는 그대로 받아들이는 상태를 뜻한다. 융합에는 으레 특정한 생각에 〈반드시〉 부응해야 한다는 절박함이 수반된다. 어떤 생각에 융합되면 그 생각과 관련된 행동의 가능성은 줄어들 수밖에 없다. 자신이 지루하고 호감가지 않는 사람이라는 생각에 융합되면 사회성을 실험할 기회는 줄어든다. 재미없는 친구들과 노는 것보다 더 나은 일은 반드시 있기 마련이니까. 자신이 게으르고 어리석다는 생각에 융합되면 직장에서의 가능성에도 한계가 있을 수밖에 없다. 그 밖에도 예는 많다. 무척 이상하게 들릴지도 모르겠지만, ACT의 관점에서는 자신이 모르고 있는 것에 대해서는 생각의 내용이나 그 내용이 정확한지 아닌지에 대해 특별히 걱정하지 않는다. 그 대신 우리는 그러한 생각을 우리 삶에서 얼마나 실천할 수 있을지에 대해 알고 싶어 한다. 우리는 생각이 정확한지 아닌지 판단하거나 생각을 바꾸려는 노력은 전혀 하지 않지만, 삶에서 이를 실천하기 위해서는 엄청난 노력을 기울인다. 여기서 우리의 주된 관심사는 더 풍요롭고 목적의식적인 삶을 위해 필요한, 우리 생각과 우리 사이의 여유가 얼마나 충분한지에 대해 살펴보는 것이다.

탈융합은 당신의 생각을 부정하거나 생각의 내용 중 어느 부분에서 실수가 있었는지 알아내는 것과는 다르다. 사실 그릇된 생각을 하고 있다는 것을 안다고 큰 도움이 되는 것은 아니다. 건강증명서에 아무런 문제가 없다는 사실을 〈알면서도〉 건강에 대해 걱정하는 사람들이나, 다른 사람들이 자기를 매력적으로 생각한다는 것을 〈알면서도〉 사람들 앞에 나서는 것에 대해 걱정하는 사람들은 정말 많다. 탈융합은 생각에 대해 따지거나 반박하기 위한 것이 결코 아니다. 그보다는 삶에서 필요한 일들을 할 수 있도록 모든 생각을 가볍게 바라보는 것이라고 할 수 있다.

물론 우리는 정확한 생각을 포함한 〈모든〉 생각에 대해 말하고 있는 것이다. 수업시간에 '이걸 이해하지 못하는 사람은 나뿐이야. 그러니까 괜히 입을 열어서 망신당할 필요는 없어.' 라고 생각했던 학생에 대해 다시 한 번 생각해보자. 그 학생이 정말로 그 문제를 이해하지 못한 유일한 학생이라면 어떨까? 그 생각이 정확하다는 사실이 조용히 앉아있겠다는 그 학생의 결정을 정당화하는가? 그 학생의 목표가 수업 내용을 이해하는 것이라면 물론 아니다. 그는 다소 고통스러운 선택의 순간에 처해 있다. 질문을 해 자신의 무지를 드러내느냐, 아니면 침묵하면서 계속 무지한 상태로 남을 것이냐. 앞에서 살펴보았듯이 두 가지 선택 모두 상당히 고통스럽겠지만, 그 중 한 가지는 그가 삶에서 원하는 바를 이루는 데 더 도움이 될 것이다.

| 생각을 바라보는 방법

이미 말했듯이 아는 것 자체가 특별히 의미 있는 것은 아니다. 4장에서 지금까지 우리는 당신의 생각을 너무 심각하게 받아들이지 말라고 얘기했으며, 지금쯤이면 독자들도 그렇게 한 번 해 보고 싶은 생각이 들었을지도 모른다. 그렇다면 어떻게 할 것인가?

이 질문에 답하기 전에 ACT의 특징에 대해 다시 한 번 생각해 볼 필요가 있다. ACT의 여섯 가지 영역은 각각 나머지 다섯 영역 또한 반영한다고 했던 말을 기억하는가? 이는 곧 현재에 머무르는 것과 탈융합은 깊은 관계가 있다는 뜻이기도 하다. 당신이 미래를 바라보며 최대한 빠른 속도로 삶을 질주하고 있다면, 지금 이 순간 당신이 하고 있는 생각은 당신의 행동에 엄청난 영향을 끼칠 것이다. 자기 생각에 무의식적으로 반응해 행동하고 있을 때 조금이라도 속도를 늦추는 것이 큰 도움이 될 것이다. 3장의 게임들이 속도를 늦추는 방법을 알려주는 좋은 게임들이다.

운전 중에 차에서 갑자기 당황스러운 소리가 났는데 정비소에 가져가보니 멀쩡했던 적이 있었는가? 정비공도 직접 듣지 못한 소리는 고치기 어렵다. 하지만 그 정비공은 하루에도 수십 대의 차를 고쳐야 하는 바쁜 사람이기 때문에 차에서 다시 이상한 소리가 날 때 까지 기다릴 수 없다. 만약 그 정비공이 시간이 많아 차를 직접 몰아볼 수 있다면 그도 결국 그 소리를 들을 수 있을 것이고, 어디를 고쳐야 할지 알 수 있을 것이다. 당신의 생각도 마찬가지다. 가만히 앉아서 당신의 생각에 집중하는데 드는 돈이 정비공에게 지불해야 할 돈보다 훨씬 적을 뿐이다. 3장에서 했던 호흡명상으로 시작하면 된다. 융합된 생각으로 인해 힘들다고 느낄 때마다 언제든 명상을 한다. 어떤 생각이 문제인지 확실하지 않을 때에도 가만히 앉아서 생각하다보면 결국 무엇이 문제인지 알 수 있을 것이다. 일단 문제를 파악하면 준비가 된 것이다. 이는 〈날아다니는〉 당신의 생각을 잡는 과정이라고 할 수 있다.

3장의 마지막 게임 〈불안한 생각 바라보기〉는 융합에 대처하는 또 다른 방법이다. '당신을 불안하게 하는 생각'을 '당신과 융합되어 있는 생각'으로 바꾸기만 하면 된다. 어쩌면 '나는 게을러', '나는 절대 잘 할 수 없을 거야', '사람들은 날 싫어해'와 같은 생각일 수도 있다. 당신의 생각을 몸 밖으로 불러내 모양과 색, 질감 등의 특징을 부여한다. 생각의 내용을 바꾸지 않으면서도, 생각과 당신의 관계를 변화시키고 생각이 당신에게 끼치는 영향을 줄일 수 있을 것이다. 몇 가지 게임을 통해 탈융합이 무엇인지 더 자세히 알아보자.

'그 일을 제대로 하고 싶다면 혼자서 해라.'는 말이 있다. 미국인들은 용감하게 맞서는 것을 좋아한다. 그들은 황무지에서 자기 자신과 자손들을 위해 힘들게 삶을 일구어 온 이민자, 개척자, 자작농들의 후손이거나 적어도 그런 이야기를 좋아하는 사람들이다. 그들은 독립성과 자신감을 중요시한다. 캐나다, 영국, 호주, 뉴질랜드 사람들도 마찬가지로 독립적이다. 그렇다보니 우리가 생각에 융합되기 쉽다는 사실도 그리 놀랍지 않다. 결국 그 생각은 모두 우리가 가장 믿는 것에 뿌리를 두고 있기 때문이다. 바로 우리 자신이다.

하지만 그 생각이 우리 머릿속이 아닌 외부에서 온 것이라면? 누구나 '나는 정말 어리석어'라는 생각에 융합될 수 있지만, 다른 사람이 당신한테 그런 말을 한다면 어떨까? 당신은 할 말을 잃고 그를 쳐다보거나 눈물을 흘리며 달아나거나 그의 이를 부러뜨릴지도 모른다. 단지 그 생각이 당신 머릿속에서 나왔기 때문에 의미가 있다고 생각하는 것이다. 이 얼마나 어리석은 생각인가!

이 게임에서는 머릿속에서 끊이지 않았던 생각이 다른 사람이나 당신이 아닌 다른 것에서 나왔다고 생각해 볼 것이다. 그게 누구인지 혹은 무엇인지는 창조성과 유머 감각을 발휘해 한 번 생각해 보아라. 정말 멋진 대답에는 보너스 점수가 있다.

방해받지 않고 5분 내지 10분 동안 편하게 집중할 수 있는 곳에 자리를 잡는다. 마음속에서 생각이 떠오르는 것을 지켜본다. 그리고 그 생각을 몇 번 말해 본다. 그런 다음 당신의 생각을 대신 말해 줄 대상의 이미지를 떠올린다. 사람도 좋고 사물도 좋다.

예를 들어 '나는 좋은 부모가 될 수 없어'라는 생각이 떠올랐다면, 커다란 돼지 한 마리가 당신 건너편에 앉아서 '너는 좋은 부모가 될 수 없어'라고 꿀꿀거린다고 상상해본다. 아니면 근엄하게 광화문 광장을 바라보던 이순신 장군이 큰 칼을 빼어들고 당신에게 그렇게 말하고 있다고 생각해본다.

당신이 어떤 생각을 했든 그 생각을 비웃거나 놀리려는 것은 아니다. 이 게임의 목표는 당신이 헤어 나오지 못하는 생각을 자기 목소리가 아닌 다른 사람의 목소리로, 당신의 머릿속이 아닌 다른 곳에서 듣는 것이다. 말하는 돼지나 이순신 장군이 당신 머릿속에 있다는 허무맹랑한 생각은 굳이 하지 않아도 된다. 자연스럽게 떠오르는 생각을 색다른 맥락에서 의식적으로 떠올리는 변화만으로도 그 생각이 당신의 삶을 통제하고 있다거나 쓸모없다고 느껴질 때, 이에 더 민감하게 반응할 수 있을 것이다.

과거에 대한 집착이 심했던 사람이라면 이 게임이 특히 도움이 될 것이다. 지금까지 우리는 생각의 내용에 대해서는 많이 논의했지만, 마음속에서 계속해서 떠오르는 뜻밖의 생각에 대해서는 별로 언급하지 않았다. 하지만 이런 생각이 정말 당신을 괴롭힐 수 있다. 예를 들어, 직장에서 누군가와 갈등을 겪은 후에 그날 오후 내내(아니면 주말이나 다음 주 내내) 이런 생각을 할 수도 있다. '나쁜 자식! 나를 업신여기고 있는 게 틀림없어! 무슨 자격으로 그런 말을 하는 거지?' 이런 생각에서 벗어나기는 정말 쉽지 않다. 특히 그 생각이 자기 목소리로 인식될 때 더욱 그렇다. 하지만 개 한 마리가 그런 소리를 지껄이고 있다면 어떨까? 아니면 두꺼비 한 마리? 생각의 내용이 바뀌지 않더라도, 생각의 출처가 바뀌면 그 생각과 당신의 관계 또한 바뀔 수 있다. 그리고 그에 따라 생각에 대한 반응도 달라질 것이다.

제목 : 고장난 음반 – 같은 말 되풀이하기

준비물 : 없음

난이도 : 하

다음 줄에 쓰인 것은 무엇일까?

고양이 족제비 햄스터 잉꼬 금붕어 배불뚝이 돼지

한 번 더 읽지 말고 지금 당장 대답해보아라.

뭐라고 대답했는가? 집에서 기르는 애완동물? 동물들? 한글 단어? 한글 자음과 모음? 여백의 조합? 직선과 곡선으로 종이 위에 찍한 잉크? 생각해보면 전부 답이 될 수 있지만, 그 답들이 의미하는 바는 전부 다르다고 할 수 있다.

다음 게임은 ACT에서 오랫동안 사용해 왔으며 가장 널리 알려진 방법이기도 하다. 바로 단어나 생각이 이해할 수 없는 소리나 단순한 음으로 해체될 때까지 계속해서 말하는 것이다.

당신을 몹시 괴롭히는 생각이나 단어일 때 가장 효과가 좋다. 사람들 앞에서 말하는 자기 모습이 바보처럼 보이지 않을까 몹시 불안하다면 쉬지 않고 이렇게 말해 본다.

바보바보바보바보바보바보바보바보......

최소한 일분 동안 계속한다. 결국 당신은 〈바〉와 〈보〉를 구별해 소리 내지 못하게 될 것이고, 그 소리는 마치 양치기 개가 짖는 소리와 비슷해질 것이다. 게임이 끝나면 바보처럼 보이지 않을까 하는 생각에서 조금 더 자유로워졌는지 가만히 느껴본다.

● 융합에서 탈융합으로

3장에서 우리는 현재에 머무르는 것이 그 자체로 좋은 것은 아니라고 말했다. 마찬가지로 탈융합 자체가 좋거나 융합 자체가 나쁜 것은 아니다. 어느 것도 원래부터 좋거나 나쁘지 않다. 탈융합과 융합은 말 그대로 탈융합과 융합일 뿐이다. 오히려 사람들이 융합이라는 개념을 더 쉽게 받아들이는 데에는 특별한 이유가 있다. 고대 원시인 한 명이 친구에게 '그 물 웅덩이 근처에 가지마. 거기 사자가 있어.' 라고 말한다면, 그 친구는 진짜 사자한테 반응하는 것처럼 '사자' 라는 단어에 반응하고 살아남을 수 있을 것이다. 두 사람 중 실제로 사자를 본 사람은 한 명이지만 '사자' 라는 단어 덕분에 그의 친구도 자기가 보지 못한 사자의 존재를 인지했고, 결국 함께 살아남을 수 있었다.

실제로 융합이 인간에게 더 유익하다는 예는 쉽게 찾아볼 수 있다. 소설의 내용에 깊이 몰입해 주변을 의식하지 못하고 소설의 주인공이 된 것처럼 기뻐하고 고통스러워할 수 있는 것은 멋진 일이다. 건널목을 건너려고 하는데 누군가 '그 차 조심하세요!' 라고 소리친다면 당신은 진짜 자동차에 반응할 때처럼 그 말에 반응해 재빨리 차도에서 벗어날 것이다. 이럴 경우에는 생각을 있는 그대로 받아들이는 행동이 전혀 문제가 되지 않을 뿐만 아니라 실제로 큰 도움이 된다.

하지만 우리의 목표는 심리적 유연성이라는 것을 기억해야 한다. 바로 그것이 우리가 원하는 방향으로 삶을 이끌어줄 수 있도록 어떤 선택이라도 할 수 있는 능력이다. 융합에도 좋은 점이 있지만, 융합이 당신이 원하는 삶을 방해한다면 문제가 된다. 일요일 오후에 소설에 빠져드는 것은 좋지만, 좋아하는 드라마의 주인공이 살해당했다고 직장을 그만두고 3주 동안 술독에 빠져 사는 것은 걱정할만한 일이다. 누군가 '차조심!' 이라고 외칠 때 인도로 돌아오는 것은 좋지만, 머릿속에서 끊임없이 '실패자!' 라고 외쳐댄다고 해서 매일 밤 집에 처박혀 있다면 문제다. 인간은 자기 자신과 자신을 둘러싼 세상을 바탕으로 생각할 수밖에 없다. 인간의 생각은 보통 한계로 가득 차 있으며, 인간은 그 한계 안에서 삶을 지속한다. 탈융합 작업은 당신이 한 가지 생각을 하고 있든 복잡한 생각에 빠져 있든, 한 가지가 아닌 더 많은 일을 할 수 있도록 도울 것이다. 다시 말하면 탈융합 작업을 통해 우리는 더 자유로워질 수 있다.

우리는 당신을 괴롭히는 생각이 사라질 것이라고 말하지 않았다. 그러한 생각은 결코 사라지지 않을 것이고, 그렇기 때문에 ACT의 다음 영역에 대해서 살펴볼 필요가 있다. 바로 「수용」이다.

무슨 일이
일어나든지 :
기꺼이
받아들이기

"그래......." 그 기묘한
긍정. "그래......."
날카로운 들숨이자,
신음이기도, 수용이기도 한,
바로 "삶이란 그런 거야."
우리는 알고 있지.(죽음 또한)

−엘리자베스 비숍, 『더 무스』

간단히 정리해보자. 지금까지 우리는 일

이 끔찍하게 잘못될지도 모른다는 끈질기고 당황스러운 생각, 다시 말하면 불안의 현상에 대해 살펴보았다. 우리는 불안이 인간의 기본적 기질의 산물, 즉 불확실한 것을 싫어하고 문제를 발견하면 이를 해결하고자 하는 습성, 심지어 문제가 없을 때는 문제를 만들어 내려는 습성 때문이 발생한다고 주장했다. 또한 불안에 대해 전문가들의 말을 빌려 복잡하게 정의했지만, 불안은 인간이 마주하는 삶의 여러 가지 문제와 별반 다르지 않다고 말했다. 고통은 말 그대로 무척 고통스럽다. 고통은 모든 인간에게 공통적인 경험이자 삶의 여러 가지 문제와 그 뿌리가 같다. 우리는 지금까지 ACT의 여섯 가지 영역을 통해 삶의 여러 가지 문제를 설명하고, 불안의 경험이 그 여섯 가지 영역과 어떤 관계가 있는지 살펴보기 위해 노력해 왔다.

지금까지 ACT의 두 가지 영역에 대해 살펴보았다. 앞에서도 말했듯이, 지금 이 순간에 의식적으로 집중하면서도 유연하게 머무르는 것은 불안과 양립할 수 없다. 불안은 어두운 과거나 두려운 미래에 집중할 때만 발생한다. 우리는 또한 자기 생각을 있는 그대로 받아들이며, 그 생각이 삶을 원하지 않는 방향으로 이끌도록 내버려 두는 상태에 대해서도 살펴보았다. 마음속에 떠오르는 생각에 그야말로 융합되는 것의 대안은 탈융합으로 무엇을 할 수 있고 무엇을 할 수 없는지에 관한 자신의 모든 생각을 그서 가볍게 바라보는 상태이다.

이제 ACT의 세 번째 영역에 대해 소개하는 두 편의 짧은 글을 보자.

진실을 말해주지. 진실은, 무엇이지.
그리고 무엇은 곧 환상일 뿐, 끔찍한
누군가 오래전에 퍼트린 끔찍한 거짓말
—레니 부르스, 『음탕하게 얘기하고 사람들에게 영향을 주는 방법』

진리를 알지니

진리가 너희를 자유롭게 하리라.

－『요한복음』 8장 32절

어울리지 않는 한 쌍이지 않은가? 무슨 생각이든 떠오르는 대로 말 할 수 있는 권리를 쟁취하기 위해 대서사시와 같은 법적 분쟁을 겪었던 1960년대 코미디계의 아이콘 레니 부르스는 진실에 대해 위와 같이 정의했다. 그가 하고 싶은 말은 바로 이것이다. "주변을 돌아봐라." 그리고 직접 보고 듣는 것에 대해 말하라. 부르스는 있는 그대로가 아니라 말도 안 되는 조건에서 특정한 방식으로 〈되어야 한다〉는 개념에 대해 이야기했다. 한편, 요한복음에서 예수는 진실이 바로 자유를 가능하게 하는 힘이라고 말한다. 예수의 그 말을 레니 부르스의 입장에 비추어 바라보는 것이 곧 5장에서 우리가 하려는 말이라고 할 수 있다. 즉 삶에서 무슨 일이 일어나든 기꺼이 받아들이려는 의지가 바로 불안을 비롯한 삶의 여러 가지 문제에서 자유로워지는 데 중요한 역할을 한다는 것이다.

✿기꺼이 받아들이기

우리는 불안을 느끼는 것이 꼭 나쁜 것은 아니라고 이미 몇 차레 언급했다. 걱정하고 초조해 하고 공포를 느껴도 괜찮다. 이런 감정은 모든 인간이 특정한 상황에서 느끼는 자연스러운 반응이다. 곰과 블루베리 이야기에서도 살펴보았듯이 가끔은 조금씩 걱정하는 것이 좋을 때도 있다. 걱정했기 때문에 곰의 점심 식사가 되지 않을 수 있었다. 하지만 걱정과 초조함, 공포가 삶의 중요한 측면에서 우리를 가로막고 있다면 문제가 발생한다. 불안 때문에 삶이 뜻대로 되지 않는다면 지금이야말로 새로운 대책이 필요한 때라고 할 수 있다.

4장에서 우리는 머릿속에 떠오르는 생각에서 빠져나오지 못하고 그 생각이 우리 삶을 통제하도록 내버려 두는 것은 문제가 될 수 있다고 말했다. 5장에서는 이와 관련해서 삶의 여러 가지 경험을 기꺼이 받아들이지 않을 때 발생하는 문제에 대해서 살펴볼 것이다. 이 부분이 바로 ACT가 일상생활과 아주 밀접한 관련이 있다고 말 할 수 있는 부분이다. 어떤 문제를 기꺼이 받아들이지 않으면 특정한 경험을 회피하게 되고, 우리는 이를《경험적 회피》라고 부른다. 그 경험을 기꺼이 받아들이는 것은 바로 그 문제를 내려놓는 것이고, 놀랍게도 우리는 이 과정을 바로「수용」이라고 부른다.

수용이란 삶의 여러 가지 경험을, 마음을 열고 의식적으로 받아들이는 태도라고 할 수 있다. 몹시 부정적인 경험이라고 해도 말이다. 여기서 〈경험〉이라는 단어는 정확히 말하자면, 세상에 대한 개인적이고 사적인 경험을 뜻한다. 즉 우리의 생각과 감정, 신체적 감각, 특정한 상황에서 떠오르는 인상이나 기억 등이다. 잘못 날아온 골프공에 머리를 맞거나 개한테 쫓기는 것 등 주변에서 일어나는 외적 사건에 대해 폭넓게 이야기하는 것은 아니다.

또한 우리가 이야기하는 개인적인 경험은 쉽게 말로 표현할 수 있는 생각으로 한정되는 것도 아니다. '바보처럼 보일지도 몰라.' 혹은 '그 사람한테 말을 걸었다가는 당장 거절당할지도 몰라.' 와 같은 생각은 물론 다양한 충동이나 감정, 감각 등도 모두 개인적인 경험에 포함된다고 할 수 있다.

담배를 끊으려고 노력해보았다면 그 다양한 충동이나 감정이 어떤 것인지 알 수 있을 것이다. 나도 모르게 손을 뻗어 담배를 찾는 무의식적인 행동이나, 아침에 일어나 커피를 마실 때나 저녁 식사 후에 담배에 불을 붙여 한 모금 빨고 싶은 느낌 등이다. 담배를 한 번도 피워본 적 없다면 달콤한 음식에 비슷한 감정을 느낄 수도 있다. 체리 파이를 바라보면서 딱 한 조각만 더 먹을까 말까 고민하는 것도 그와 비슷한 느낌이라고 할 수 있을 것이다. 그것을 갈망이나 열망 등 뭐라고 불러도 상관없지만, 모든 인간은 때때로 그런 경험을 한다.

조금 더 구체적으로 살펴보자. 어느 날 오후 당신은 무슨 이유에선지 담배를 끊기로 결심했다. 이유가 무엇인지는 별로 중요하지 않다. 다음 날 아침, 담배도 없이 커피를 마시면서 당신은 아주 특별한 경험을 하게 될 것이다. 어쩌면 이렇게 생각할 수도 있다. '담배를 피우지 않으면 미쳐버릴지도 몰라.' 가슴이 답답해져 온다. 머리가 아프고 손이 떨린다. 그리고 어제 아침까지만 해도 그랬던 것처럼, 아침에 일어나서 담배를 피우면 얼마나 좋을지 상상하기를 시작한다. 어쩌면 이제 담배를 피우지 못하는 아침은 어떨지 생각할 수도 있다. 아마 그 두 가지 경험 모두 유쾌하기는커녕 퍽 끔찍한 경험일 것이다. 물론 담배에 불을 붙이면 그 두 가지 경험 모두에서 벗어날 수 있다. 이제 그 행동은 당신이 삶에서 이루고 싶은 것, 즉 담배를 끊는 것에 반하는 행동이다. 이러한 상황에서 우리는 선택을 할 수 있다. 담배를 피우지 않으면서 겪는 부정적인 경험을 받아들이거나 담배를 피우면서 그 경험을 회피하는 것이다. 특정한 경험에서 달아나거나 그 경험을 피하기 위해 특정한 행동을 하는 것이 바로 경험적 회피다.

| 즐거운 경험만 받아들이는 것은 아니다

여기서 명확히 할 것이 하나 있다. 수용이라 함은 그런 경험은 해도 괜찮다는 뜻도 아니고, 그런 경험을 원한다거나 좋아하는 것도 아니다. 경험을 기꺼이 받아들이는 것과 경험을 하는 순간에 이를 즐기거나 바라는 것 사이에는 커다란 차이가 있다.

정말 담배를 피우고 싶지만 피우지 않기로 했다면, 안절부절못하거나 마음이 불안정할 수도 있고 흥분할 수도 있다. 비행기를 타고 싶지만 불안한 마음이 든다면, 비행기가 이륙한 다음 엔진이나 다른 부위에서 이상한 소리가 날 때마다 가슴이 철렁할 것이다. 두 가지 모두 썩 유쾌한 경험은 아니며 아무리 노력해도 이를 유쾌한 경험으로 만들기는 힘들 것이다.

어떤 성인군자라도 치통을 참고 견뎌 낸 자는 없었다네.

—셰익스피어, 『헛소동』 5막 1장

여기서 수용은 개인의 욕구나 판단과는 상관없이 기꺼이 받아들이는 것이다. 긍정적인 판단이나 부정적인 판단이나 마찬가지다. 어떤 경험을 하게 될 때, 이를 인식하고 그 순간에 머물며 어떤 방법으로든 그 경험을 바꾸려 하지 않고 있는 그대로 받아들이는 것이다. 그 경험을 받아들이고 나서 어떤 생각이 떠오를지에 대해서도 통제할 수 있는 여지는 별로 없다. 물론 "기분이 안 좋아."와 같은 부정적인 생각이 떠오를 수 있다. 하지만 부정적인 반응은 그 경험을 축소하고 제거하며 통제하려는 경험적 회피와는 다르다.

이는 4장에서 생각의 내용을 바꾸려는 노력이 별 효과가 없다고 언급한 것과 비슷한 맥락이다. 세상에는 아무리 노력해도 되지 않는 일이 있다. 하지만 레스터에 대해 생각하는 것과 차를 타고 레스터를 만나러 앨버커키로 가는 것은 무척 다르다. 우리는 기꺼이 받아들이기 위해 〈노력〉할 수 있으며, 이러한 노력이 심리적 유연성을 기르는데 큰 도움이 될 것이다.

| 이를 악물고 견뎌야 하는 것도 아니다

연단에 올라 행복과 만족감을 중시하는 문화의 해악에 대해 설교할 생각까지는 없지만, 한 가지 틀림없는 사실은 있다. 『수용』은 요즘 쉽게 받아들이기 어려운 개념이라는 것이다. 우리는 마음이 불편한 것을 싫어하고, 일상적으로 고통을 회피하는 공간에 살고 있다. 또한 어려운 경험에서 벗어나는 것이 약국이나 주류 판매점에 가는 것만큼 쉬운 시대에 살고 있다. 한편 삶의 목표를 설정하고 고통이 따르더라도 그 길을 가야한다고 생각하기 때문에, 어떤 면에서는 금욕주의자로 비춰지기도 한다. 어느 정도는 어쩔 수 없는 일이다. 걱정과 장밋빛 희망을 받아들이는 것에 대해서라면 책을 쓸 필요도 없었을 것이다. 우리는 또한 어쩔 수 없이 체념하는 것에 대해 이야기하는 것도 아니다. 수용은 포기가 아니다. 수용은 마음을 여는 것이다. 여러 가지 가능성과 대안, 힘든 경험을 통해 얻을 수 있는 좋은 면을 마음을 열고 받아들이는 것이다.

제목 : 보물찾기

준비물 : 없음

난이도 : 하

자전거를 타고 언덕을 올라가는 것은 고통스러운 일이다. 정말 그렇다. 페달과 육체적 피로, 통증을 함께 밟으며 전진해야 한다. 언덕은 계속 나타난다. 가끔은 정상이 보이지도 않지만 정상이 보일 때 더 힘들 수도 있다. 하지만 정상 너머에는 달콤한 보상이 기다리고 있다. 바로 반대편의 내리막길에서 하늘을 나는 것과 가장 가까운 경험을 할 수 있다는 것이다.

이 게임에서는 고통스러운 경험에 마음을 열었던 상황을 떠올릴 것이다. 독자들의 목표는 그 경험에서 느꼈던 고통을 의식적으로 조금씩 깎아내는 것이다. 또 다른 목표는 고통을 회피하면서 놓쳤던 멋진 경험을 떠올리고, 그 경험에 머무르는 것이다. 다시 말하면, 회색빛 틈에서 반짝이는 은빛을 찾는 것이다. 10분 동안 집중하면서 여러 가지 경험에 대해 다각도로 생각해본다. 회색빛 경험에서 은빛을 발견함으로써, 어떤 사람이나 경험을 예전보다 더 받아들일 수 있게 된다면 가산점을 받을 수 있다. 끔찍했던 경험을 통해 얻은 소중한 교훈을 찾아내도 가산점을 받을 수 있다. 일어나지도 않을 일에 대해 불안해했던 상황에서는 소중한 교훈을 찾기 쉽다. 문제는 걱정했던 일이 정말로 잘못되었을 때이다.

하지만 주의 깊게 들여다본다면 그런 경험에서도 반짝이는 보물을 발견할 수 있을 것이다.

다음 예에 대해 생각해보자.

● 그 파티에 가야할지 말아야 할지에 정말 걱정이 많았고, 결국 인사불성으로 취해 바보 같은 모습을 보였다. 하지만 그 파티에 가지 않았더라면 앨런을 결코 만나지 못했을 것이다.

● 생물학 시간에 《미토콘드리아》라는 단어를 잘못 발음해 친구들의 웃음거리가 된 일은 정말 끔찍했지만, 어느 날 딸이 그와 비슷한 일로 학교에서 울면서 돌아왔을 때, 딸이 어떤 느낌일지 정확히 알 수 있었다. 그 날 우리는 정말 끈끈한 유대감을 느꼈다.

● 그 프로젝트를 완수하지 못하고, 그 때문에 크게 혼이 날지도 모른다고 몇 달 동안 걱정했다. 아니나 다를까 정말 실패했고 직장에서 쫓겨났다. 처음에는 정말 힘들었지만 그 덕분에 다시 수의학교로 돌아갈 수 있었고, 지금은 내가 정말 원하는 일을 할 수 있을 것 같은 느낌이 든다.

| 회피의 대가

레니 부르스는 〈진실은 무엇〉이라고 말했으며, 예수는 진실이 우리를 자유롭게 할 것이라고 했다. 두 사람의 말은 그 〈무엇〉이 무엇이든 마음을 열고 기꺼이 받아들이면 더 자유로워지고, 우리가 원하는 것에 더 가까이 다가갈 수 있다는 사실을 알려준다. 〈반드시 -하면 안 돼〉 혹은 〈결코 -할 수 없어〉라고 생각하면, 예를 들어 '엘리베이터 타는 것을 무시워하면 안 돼.' 혹은 '친구들 앞에서 절대 바보처럼 보일 수 없어.' 라고 생각한다면 삶의 다양한 선택권은 줄어들고 세상은 더 작아질 수밖에 없다. 지속적인 회피의 대가는 실로 엄청나다.

특정한 경험을 받아들일 수 없다고 생각하는 것은 당신의 세상에 울타리를 세워 한계를 정하는 것이다. 울타리 안의 세상이 점점 작아질수록 의미 있는 삶의 가능성 또한 줄어든다.

● 회피가 필요할 때도 있다

물론 회피가 필요할 때도 있다는 사실에 대해 잠깐 이야기하고자 한다. 우리는 어떤 문제를 해결하는 과정이나 ACT의 다양한 영역에서 드러나는 부정적인 측면에 원래부터 나쁜 점은 없다고 계속 주장해 왔다. 그러한 행동이 당신이 원하는 삶에 장애가 되지 않는다면 말이다. 이 규칙은 회피에서도 마찬가지다.

치과 치료실 천장에 붙은 알프스 전경을 보고 사색에 빠지거나, 치료 전에 신경 안정제를 먹거나 필요할 때 아산화질소를 마시는 것은 괜찮다. 하지만 드릴 소리를 들으며 두 시간 동안 치과 의자에 꼼짝없이 묶여 있어야 한다는 생각을 받아들이지 못해, 빨대로 유동식을 먹어야 할 상태가 되도록 치아 근관 치료를 미루는 것은 결코 괜찮지 않다.

그렇다면 이 두 가지를 어떻게 구분할 수 있을까? 경험을 회피하는 것이 당신에게 도움이 되는 현명한 선택일 경우는 언제이고, 당신의 심리적 유연성을 감소시켜 문제가 될 때는 언제일까? 이에 대한 답을 얻기 위해서는 회피 하는 행동이 우리가 추구하는 가치에 더 가까이 갈 수 있게 해 주는지 아닌지 살펴보면 된다. ACT의 관점에서 그 「가치」는 삶의 목표를 이룰 수 있도록 도와순다. 지금까지 우리는 가치 있는 삶이라는 기본 전제에 대해 자주 언급해 왔다. 6장에서 그 「가치」가 무엇을 뜻하는지 더 자세히 탐구해 볼 것이다.

06

삶의 의미 : 가치

사나이란 무엇인가, 사나이가 가진 것은 무엇인가.

자신을 잃어버리면 모든 것을 잃은 거지.

비굴한 사람들이 하는 말이 아니라,

자신이 진실로 느끼는 것을 말하는 것이 진정 사나이지.

과거가 말해주듯, 난 어려움을 피하지 않았고,

항상 내 방식대로 해결 해 왔어!

—폴 앵카(프랭크 시나트라 노래), 『마이 웨이』

우리는 시간의 흐름 안에서 살기 때문에, 세상의 많은 일들이 일직선에서 작용한다고 믿는 편향이 있다. 우리는 태어나고 살다가 죽는다. 학교에 입학해서 공부하고 졸업한다. 비행기는 이륙하고 하늘을 날다가 착륙한다. 책에는 첫 페이지가 있고 마지막 페이지가 있으며, 앞에서부터 뒤로 한 페이지씩 읽을 때 가장 이해하기 쉽도록 구성되어 있다. 이 책도 결코 다르지 않다.

하지만 ACT의 여섯 가지 영역을 순서에 맞춰 일직선으로 정리하는 것은 무리가 있다. 여섯 가지 영역은 실제로 그 보다 훨씬 원형적이고 유동적이며, 변화하고 발전한다. 전문가들은 ACT의 여섯 가지 영역의 관계를 다음과 같은 육각형 모델로 설명한다. 우리는 이 도형을 중요시하지 않는다. 심리학자들이 ACT에 대해 어떻게 말하는지 보다는, 이 작업을 통해 드러나는 일상생활의 여러 가지 문제에 집중하고 싶기 때문이다. 하지만 육각형 모델을 살펴봄으로써, ACT의 여섯 가지 영역이 서로 어떻게 연결되어 있는지 더 쉽게 이해할 수 있을 것이다.

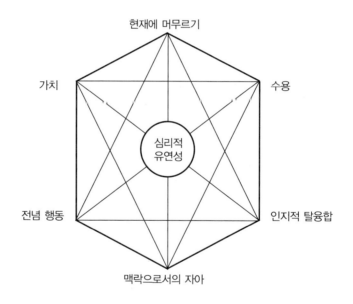

이 모델을 통해 ACT의 각 영역이 다른 다섯 가지 영역과 어떤 관계가 있는지 알 수 있다. 하지만 육각형 모델 안에서 각각의 영

역이 어떻게 작용하는지 먼저 알아야 각 영역에서 중요시 하는 부분의 미묘한 차이를 이해할 수 있다. 이는 「가치」에 관한 6장의 논의에서 특히 중요하다고 할 수 있으며, 이를 위해서는 지금까지 논의했던 순서와 달리 육각형 모델을 가장 먼저 제시하는 방법도 괜찮았을 것이다.

미리 말하자면 6장에서는 불안 자체에 대해서는 자주 언급하지 않을 것이다. 가치가 우리 삶에서 어떤 역할을 하는지에 관한 문제는 불안과 관계있는 특정한 경험뿐만 아니라 우리가 겪는 모든 경험과 관계가 있다. 나중에 살펴보겠지만, 가치는 불안과 같은 힘든 경험을 헤쳐 나갈 수 있도록 우리를 이끌어준다. 또한 가치는 이 책에서 제시하는 여러 가지 힘든 작업을 완수할 수 있도록 도와주는 자극제가 되기도 한다. 그러므로 6장에서는 모든 경험을 특별히 불안과 관련지어 설명하지는 않을 것이라는 점에 대해 미리 양해를 구한다.

● 가치 있는 삶

지금까지 책을 읽는 동안 〈당신에게 의미 있는 삶〉이나 〈가치 있는 삶〉 혹은 〈풍요롭고 목적의식적인 삶〉이라는 구절을 자주 봐왔을 것이다. 그 구절들이 바로 ACT의 「가치」 영역을 가리킨다.

가치는 ACT에서 우리가 하는 어려운 작업들을 해낼 수 있도록 도 와준다. 오해가 없길 바란다. 두려운 순간에 고요히 앉아 집중하 는 것은 어려운 일이다. 머릿속에서 떠나지 않는, 나는 똑똑하다 거나 착하지 않다는 생각에서 한 발 물러나는 것은 어려운 일이 다. 공포의 감정을 받아들이는 것은 어려운 일이다. 단지 어떤 감 정을 물리치기 위해, 혹은 무엇이 정상이고 건강한 상태인지에 대 한 타인의 생각에 부응하기 위해, 억지로 그러한 행동을 하는 것 은 자기 학대와 마찬가지라고 할 수 있다. 하지만 우리가 중요시 하는 가치를 위해서라면 충분히 그럴 수 있다.

가치는 우리 삶의 방향을 제시하고 우리는 그 방향으로 가다가 장애물을 만난다. 그 장애물이 우리를 둘러싼 세상의 장애물일 때, 그 장애물은 우리 삶의 한계를 규정한다 사랑이 넘치는 가족 의 일원이 되는 것을 가치 있게 여긴다면, 친척들과 좋은 관계를 유지하고 파트너를 찾아 가정을 꾸리기 위해 노력할 것이다. 학업 과 배움을 가치 있게 여긴다면, 좋은 선생님을 찾아 학업에 전념 할 것이다. 일에서의 성공을 가치 있게 여긴다면, 좋은 직장을 구 하거나 사업 기회를 찾아 뛰어들 것이다.

하지만 이러한 장애물이 우리 내부에 있을 때, 즉 생각이나 감 정 등의 장애물일 때는 약간 다른 방법으로 대처해야 한다. 그러 한 장애물을 뛰어넘는 것은 ACT의 다른 영역들과도 깊은 관계가 있다. 즉 열린 마음으로 어떤 경험이든 기꺼이 받아들이고, 현재

에 머무르며, 머릿속에 떠오르는 생각을 가볍게 바라보는 것 등을
통해 극복해야 한다.

● 가치란 무엇인가

　　일상생활에서 「가치」라는 단어는 누가 그 단어를 사용하느냐
에 따라, 그리고 심리적, 철학적, 종교적 전통에 따라 꽤 폭넓은
의미로 사용된다. 대중 매체에서 사용할 때는, 특히 문화적, 정치
적 맥락에서 사용할 때 「가치」라는 단어는 여러 집단 간에 불화를
일으킬 수도 있으며, 잘 드러나지는 않지만 권위적이거나 비판적
인 뜻을 내포할 수도 있다. 하지만 ACT에서는 「가치」라는 단어를
몹시 제한적인 의미로 사용한다. 우리는 다른 영역에 대해 논의할
때와 달리 6장에서는 「가치」에 대한 간단한 정의를 미리 내리지
않을 것이다. 그 대신 「가치」에 대해 논의하는 과정에서 그 단어가
정확히 무슨 뜻인지 스스로 이해할 수 있도록 도울 것이다.

| 가치는 선택이다

　　프랭크 시나트라는 『마이 웨이』를 부를 당시 엄마의 방식도,
조국의 방식도, 이런 저런 책에서 읽은 방식도 아닌 〈자기〉 방식
대로 그 노래를 불렀다고 말했다. 그는 자기 방식대로 부르기로

선택을 한 것이다. 우리는 부모나 문화, 현인들의 말에 귀를 기울일 수는 있지만, 결국은 자기 스스로 삶의 방향을 선택해야 한다. 언제나 쉬운 것은 아니지만 언제나 가능한 일이다.

ACT의 관점에서 가치는 의식적으로 신중하게 선택한 삶의 방향이다. 여기서 우리는 감정이나 느낌, 생각 등과 선택을 명확하게 구별한다.

가치에 대해 강렬한 감정을 느낄 수는 있지만, 가치 자체가 곧 감정은 아니다. 가치와 감정의 가장 큰 차이는, 가치는 적극적으로 추구해 갈 수 있지만, 감정은 의식적으로 통제하기가 거의 힘들거나 불가능하다는 점이다. 가치를 추구한다는 것은 집을 짓는 것과 여러 가지 면에서 비슷하다고 할 수 있다. 반면에 감정이나 느낌, 생각은 집이 지어진 곳의 날씨라고 할 수 있다. 맑은 날도 있고 비가 올 때도 있다. 시간이 지나면서 1월은 춥고 7월은 덥다는 식으로 날씨의 패턴을 발견할 수는 있겠지만, 언제 해가 뜨게 할지 선택할 수는 없다. 당신이 지은 집은 반드시 마음대로 선택할 수 없는 날씨의 영향을 받을 수밖에 없다. 하지만 바람이 담장을 무너뜨렸을 때, 담장을 아예 없앨지 다시 세울지는 자유롭게 선택할 수 있다. 〈집〉이라는 가치로 무엇을 할지는 당신에게 달렸다.

하지만 담장이 무너졌다고 집까지 무너뜨리지는 말자. 우리가 선택한 가치가 생각이나 감정과 어떻게 다른지 살펴보기 위해서는 인종적 편견에 대해 생각해 보는 것이 좋을 것이다. 당신이 만약 미국에서 자랐다면 '나는 인종차별주의자인가?' 라는 질문보다 '나는 어떤 면에서 인종차별주의자인가?' 라고 묻는 것이 더 정확한 문화에서 자랐다고 할 수 있을 것이다. 미국 문화 안에는 인종 탄압에 대한 앙금이 여전히 남아 있으며, 그 뿌리 깊은 편견이 바뀌려면 아주 오랜 시간이 걸린다. 개인적으로 평등을 가치 있게 여기며 차별을 혐오한다 해도 그러한 편견의 씨앗을 갖고 있을 지도 모른다.

거의 모든 사람들이 지난 수년 동안 당연시 해왔던 공공연한 차별에 대해 생각하는 것조차 불쾌해 한다. 오늘날까지 이어지는 인종 차별과 폭력에 대해서는 그 보다 더 할 것이다. 하지만 과연 얼마나 많은 사람들이 그러한 사고에서 자유롭다고 할 수 있을까? 고속도로에서 누가 끼어들거나, 혼자 밤길을 걸을 때, 경찰차의 사이렌이 반짝이고 있을 때, 우리는 무슨 생각을 하는가? 이 질문에 대한 구체적인 답보다 우리가 생각하고 느끼는 것과 우리가 자유롭게 의식적으로 선택한 것의 차이를 아는 것이 더 중요하다. 우리가 인종차별적 생각과 감정의 영향을 받기 쉬우며, 실제로 그렇게 생각한다고 해서 인종 평등의 가치를 선택하지 못하는 것은 아니다.

우리가 가장 소중히 여기는 가치들도 마찬가지다. 일생 전반에 걸쳐 이러한 가치를 선택할 때 우리는, 즉 자애롭고 다정한 부모가 되거나 신의 있고 애정 어린 배우자가 되고, 친절하고 열정적인 사람이 되기 위해서 우리는 자신에게 꽤 높은 기준을 제시한다. 전념 행동에 대해 나중에 살펴보겠지만, 우리는 가치를 추구하는데 성공할 수도 있고 실패할 수도 있다. 가치를 추구하며 사는 것은 즐겁기도 하지만 엄청나게 고통스러울 때도 있다. 또한 가치 있는 삶이 훌륭하다는 생각이 들 때도 있지만 아무 쓸모없다는 생각이 들 때도 있다. 그러나 가치 있는 삶에 대해 어떻게 생각하고 느끼는지에 상관없이 언제나 가치 있는 삶을 추구하기로 선택할 수 있다. 우리 안에 깊이 자리 잡은 가치는 우리 안에서 혹은 외부에서 어떤 어려움이 발생해도 흔들리지 않을 수 있도록 우리를 도와준다.

| 가치는 그 자체로 완전하다

1923년 뉴욕타임스는 산악인 조지 말로리에게 왜 그렇게 에베레스트 산에 오르고 싶어 했는지 물었고, 그는 다음과 같은 유명한 대답을 남겼다. '산이 거기 있으니까요.' 그 대답이 진심이었다면 말로리는 명성이나 부, 혹은 여자들에게 깊은 인상을 주기 위해서 산에 오른 것이 아니었다. 우리는 세상에서 가장 높은 봉우리에 오르는 것 자체가 바로 그가 원했던 삶이었을 거라고 짐작할 수 있다. 산을 오르겠다는 그의 선택이 산을 오를 충분한 이유가 되었다. 어떻게 보면 가치도 그와 비슷하다고 할 수 있다. 그 흥미로운 이유는 다음과 같다.

행동심리학 분야에는 《강화 요인》과 《처벌 요인》이라는 용어가 있다. 인간이나 쥐 등 살아있는 생물에게 특정한 환경 조건을 제공하고 그 안에서 어떤 행동을 보이는지 살펴보자. 강화 요인은 그 환경 안에서 변화가 발생할 때 특정한 행동에 대한 가능성을 높이는 요소다. 그와 반대로 처벌 요인은 변화가 발생할 때 특정한 행동에 대한 가능성을 낮추는 요소라고 할 수 있다. 예를 들어 지렛대가 설치된 우리에 쥐 한 마리가 있다. 지렛대를 밟을 때 해바라기 씨가 떨어지면 쥐가 지렛대를 밟을 가능성은 높아질 것이다. 여기서 해바라기 씨가 바로 강화 요인이다. 지렛대를 밟을 때 전기 충격이 가해진다면 쥐는 지렛대를 밟으면 안 된다는 사실을 재빨리 습득할 것이다. 전기 충격은 바로 처벌 요인이다.

인간이 아닌 생물의 행동 강화 요인은 아주 단순하고 종류가 많지도 않다. 음식, 잠자리, 섹스, 사회적 관계 그리고 그와 관련된 것들이다. 처벌 요인도 마찬가지로 많지 않다. 쥐는 해바라기 씨를 좋아하고 전기 충격을 싫어한다. 하지만 쥐가 지렛대를 밟을 때 해바라기 씨 대신 칭찬이나 보상의 말을 해준다면 어떻게 될까? 전기 충격 대신 고칠 수도 없는 끔찍한 병에 걸린다고 속삭여 주면 어떻게 될까?

정말 그렇다. 아무런 효과가 없을 것이다. 쥐는 먹을 것을 얻기 위해, 또는 고통을 피하기 위해 움직인다. 인간도 마찬가지지만 인간이 쥐보다는 훨씬 많은 것들을 위해 움직일 뿐이다. 대부분

바보 같은 것들이며 전부 오랜 세월 동안 인간이 만들어낸 것들로 노벨상, 연맹의 리바운드횟수 기록, 올해의 직원상 등이다. 인간에게 필요한 강화 요인은 다른 생물의 강화 요인과는 다르다. 어떻게 다른지는 이 책에서 다룰 내용은 아니지만, 간단히 말하자면 언어를 사용해 세상과 관계를 맺는 인간의 능력과 관계가 있다고 말할 수 있다. 인간 이외의 생물이 행동을 습성화하기 위해서는 행동의 결과를 상당히 직접적인 방법으로 체험해야 한다. 하지만 인간의 행동은 경험을 통해서 직접적으로 뿐만 아니라, 언어를 통해서 간접적으로 강화되기도 한다. 천국을 직접 경험한 사람은 없지만 죽은 후에 받게 될 영원한 보상에 대한 약속이 특정한 행동을 유발하는 것처럼 말이다.

ACT에서 가치는 특별한 종류의 강화 요인이라고 할 수 있다. 구체적인 결과가 있어야만 강화되는 행동이 있다. 음료수 자판기에 동전을 넣는 행동은 음료수가 나올 때에만 강화된다. 직장 동료에게 메시지를 남기는 행동은 그 사람이 적어도 몇 번은 다시 전화를 할 때에만 강화된다. 하지만 가치는 그런 종류의 강화 요인과는 다르다.

우리는 가치를 추구하면서 그 가치에 부합하는 행동이 무엇인지도 선택한다. 그러고 나면 그 행동 자체가 곧 강화 요인이 된다. 예를 들어, 좋은 부모가 되는 것을 가치 있게 여긴다면 여가 시간은 아이들과 함께 보내기로 마음먹을 것이다. 물론 늘 아이들과 함께 하는 것은 실제로 당신에게 매우 불편할 수 있다. 혼자서 할 수 있는 재미있는 일들을 많이 놓치게 될 것이고, 아이들은 자라면서 당신의 각별한 관심에 특별히 더 감사하지도 않을 것이다. 하지만 당신이 좋은 부모가 되기로 선택했으며, 좋은 부모는 아이들과 충분한 시간을 보내야 한다고 생각한다면, 그로 인해 마음에 들지 않는 결과를 얻게 되더라도 아이들과 함께 시간을 보내는 것은 충분히 가치 있는 일이라고 할 수 있다. 아이들은 당신과 함께 시간을 보낼 수 있을 것이고, 당신은 좋은 부모가 되고자 하는 가치에 부합하는 행동을 하는 것이다.

조금 더 극적인 예가 필요하다면 빅터 프랭클이 죽음의 수용소에서 겪었던 경험을 떠올려 보아라. 굶주림, 독일군의 만행, 질병과 죽음이 만연한 캠프에 남기로 결정하면서 프랭클이 정확히 무엇을 얻었는지는 말하기 어렵다. 그가 환자들과 함께 남겠다고 결정한 이유는 좋은 의사와 도덕적인 인간이 되는 것을 가치 있게 여겼기 때문이었다. 그리고 그가 그런 선택을 하면서 느꼈던 해방감이 힘든 상황에서도 우리의 경험을 깊이 있고 풍요롭게 해 주는, 우리가 선택한 가치의 힘을 보여준다.

| 가치는 변화하고 발전한다

지금까지 가치가 무엇인지에 대해 충분히 논의했다. 이제 반대로 한 번 생각해보자.

가치는 목표가 아니다. 기본적으로 성취하거나 획득하거나 완성할 수 있는 것은 가치가 아니다. 그것은 목표라고 할 수 있다. 목표는 삶이라는 넓은 맥락에서 가치를 실현하기 위해 중요하다. ACT에서 목표는 우리가 추구하는 가치에 의해 결정된다. 배움을 가치 있게 여긴다면 그 가치를 추구하기 위해 다음과 같은 목표를 설정할 것이다. 고등학교 졸업장, 학사 학위, 석사 학위, 성인이 되어서 배우는 새로운 언어, 『잃어버린 시간을 찾아서』, 『율리시스』를 완독하는 것 등이다. 언제쯤 충분히 배웠다고 말할 수 있는지는 전적으로 개개인에게 달려있지만, 각각의 목표를 성취하게 하고 삶 전체의 방향을 결정하는 것은 바로 배움이라는 가치라고 할 수 있다.

고정된 것도 가치가 아니다. 가치는 역동적으로 변하고 발전한다. 시간이 흐르면서 변하기도 한다. 좋은 부모란 무엇인지에 대해 생각해보자. 갓 태어난 아이에게 좋은 부모가 되려면 어떻게 해야 할까? 십대 아이에게 좋은 부모가 되려면? 성인에게는? 복잡한 쇼핑몰에서 친구들과 수다를 떨기 위해 아이의 손을 놓아버린 부모는 손가락질을 당할 것이다. 십대 아이를 유모차에 태우고 마트를 돌아다니는 부모 역시 마찬가지다. 하지만 아이들의 나이만 바꿔보면 상황은 몹시 달라진다. 그 부모들은 모두 좋은 부모가 되고자 하는 가치를 추구하고 있는 것이다.

가치에 대해 지금까지 충분히 이야기했으니 이제 실전에 임할 시간이다. 이 게임은 스피드 라운드와 도전 라운드로 나뉜다.

우선 종위 위에 가로 세 칸, 세로 열 한 칸이 되도록 표를 그린다. 맨 윗줄 세 칸에 다음 단어를 써 넣는다.

가치, 중요도, 행동

그리고 '가치' 항목 아래의 열 칸에 다음 열 가지 단어를 써 넣는다.

가족, 친구, 일, 배움, 재미, 영성, 공동체, 건강, 환경, 아름다움

이 열 가지가 각각 무슨 뜻인지 정확히 이해할 필요는 없다. 써 나가면서 자연스럽게 알게 될 것이고, 그것이 바로 우리가 뜻하는 바다. 자, 다음과 같은 표가 완성되었을 것이다.

가치	중요도	행동
가족		
친구		
일		
배움		
재미		
영성		
공동체		
건강		
환경		
아름다움		

| 스피드 라운드

표를 앞에 놓고 타이머를 20분 후로 맞춘다. 열 가지 가치 영역에 대해 각각 2분 동안 생각할 수 있다는 뜻이다. 타이머가 작동하기 시작하자마자 〈가족〉이라는 첫 번째 영역을 본다. 그리고 그 영역이 당신의 삶에서 얼마나 중요한지 생각해본다. 어떤 생각이 떠오르든 지켜본다. 그리고 바로 오른쪽 칸에 그 가치가 당신의 삶에서 얼마나 중요한지 1부터 10까지의 숫자로 나타낸다.

1 – 별로 중요하지 않다. 나의 삶에서 많은 부분을 차지하지 않는다.

10 – 몹시 중요하다. 나의 가장 소중한 가치 중 하나이다.

1에서 10 사이의 숫자들이 각각 어떤 상태를 뜻하는지 정확히 알 필요는 없다. 시간은 20분밖에 없다. 그런 다음 〈행동〉으로 넘어간다. 열 가지 가치 항목에 대한 자신의 행동에 대해서도 1부터 10까지의 숫자로 나타낸다.

1 – 걱정스럽다. 이 가치를 위해 정말 더 많이 행동하고 싶다.

10 – 전혀 걱정할 필요가 없다. 이 가치를 추구하기 위해 노력할 때 몹시 행복하다.

그 다음 두 번째 가치인 〈친구〉로 넘어간다. 빈 칸을 모두 채울 때 까지 계속한다. (끝내기 전에 타이머가 울리면 나머지 빈 칸을 어떻게든 서둘러 채워 넣는다.)

| 도전 라운드

빈 칸을 다 채웠고 타이머가 울렸다면, 이제 그 표가 자신에 대해 무엇을 알려주는지 살펴본다. 써 넣은 숫자들을 보고 무엇을 알 수 있는가? 당신에게 중요한 가치에 시간을 들이지 않고 있다는 것이 드러나지는 않는가? 다음 질문에 대해 충분히 생각하고 답해 본다.

● 열 가지 가치 중 다섯 가지만 선택할 수 있다면 무엇을 선택하겠는가?

● 열 가지 가치 중 세 가지만 선택할 수 있다면 무엇을 선택하겠는가?

● 열 가지 가치 중 한 가지만 선택할 수 있다면 무엇을 선택하겠는가?

게임을 마친 다음 표를 보관하는 것도 좋다. 표를 곰곰이 들여다보면 당신이 가치 있게 여기는 것이 무엇인지 답할 수 있게 될 것이다. 이 게임이 어려웠다면, 특히 위의 세 가지 질문에 답하기 힘들었다면 계속 읽어보아라. 우리가 가치 있게 여기는 부분과 불안과 같이 우리 삶을 고통스럽게 하는 부분은 몹시 비슷하다고 할 수 있으며, 이를 통해 우리가 삶에서 진정으로 원하는 것이 무엇인지에 대한 실마리를 얻을 수 있을 것이다.

● 가치의 뒷면을 보라

다시 한 번 말하지만 각 영역의 세세한 부분에 얽매일 필요는 없다. 우리는 독자들이 ACT를 또 다른 감옥이 아니라 해방의 수단으로 인식하기를 바라며, 이를 위해 지금까지 ACT의 각 영역에 대해 자세히 설명해 왔다.

현재에 머무르거나 생각을 가볍게 바라보는 것, 기꺼이 받아들이는 것에 근본적으로 좋은 점이 있는 것은 아니라고 했던 말을 기억하는가? 우리는 또한 과거나 미래에 떠돌거나 어떤 생각에서 빠져 나오지 못하는 것, 회피하는 것이 근본적으로 나쁘다고 말하지도 않았다. 그리고 이에 대한 판단 기준은 바로 〈가치 있는 삶〉이라고 했다. 어떤 행동이든 당신이 원하는 삶에 가까이 갈 수만 있다면 최선을 다하면 된다.

하지만 가치의 경우에는 이와 약간 다르다. 가치와 반대되는 행동이 가끔은 괜찮을 수도 있다. 가치는 전체적인 행동 패턴을 구축하기 때문에 가끔 하는 실수는 전체 행동 패턴에 큰 영향을 끼치지 않는다. 건강한 식습관이 몸에 배어 있다면 가끔 디저트를 두 번씩 먹는 것도 큰 문제가 되지 않는다.

가치에 어두운 면이 있다면 바로 다른 영역에서 드러나는 문제에서 발견할 수 있다. 특히 융합과 회피에서 발견하기 쉽다. 반대로 융합과 회피를 보고 싶다면 가치에 대해 이야기하면 된다. 연인에게 좋은 파트너가 되는 것을 가치 있게 여긴다면, 다음과 같은 생각에 빠져들기 쉽다.

- 좋은 남편은 반드시 … 해야 해.
- … 하지 않으면 나는 좋은 여자 친구가 될 수 없을 거야.
- 모든 연인들은 다 그래! 그러니 우리도 반드시 … 해야 해.
- 나는 연애를 할 때 항상 … 해.
- 우리는 그렇게 할 수 없어. 나는 … 한 사람이니까.

회피 또한 크게 다르지 않다. 그가 하는 행동이 마음에 들지 않는다면? 그 행동이 당신을 미치게 한다면? 미치게 하는 것을 넘어 가끔 그를 떠나고 싶은 마음이 든다면? 그 문제에 대해 그와 이야기할 필요가 있다고 생각하지만, 그 말을 꺼내기만 해도 그는 머리끝까지 화를 낼 것이다. 그래서 이번에도 그냥 넘어간다.

다시 말하면 융합과 회피는 우리가 가치 있게 여기는 부분에서 흔히 나타난다. 다행히 독자들은 이 책에서 융합과 회피에 대처하는 방법에 대해 숙지했을 것이다. 융합과 회피는 보통 동시에 발생하는데 이 두 가지가 바로 당신이 가치 있게 여기는 것이 무엇인지 알려준다고 생각하면 된다. 특정한 생각에서 빠져나오지 못하거나 특정한 경험을 회피한다면 바로 그 곳에서 당신이 소중히 여기는 것을 발견할 수 있다. 왜 그런 것일까? 우리가 가치 있게 여기는 부분과 우리에게 상처가 되기 쉬운 부분은 같은 관에서 흘러나오기 때문이다. 우리는 소중히 여기는 부분에서 가장 큰 상처를 받을 수 있다.

이유는 명확하다. 삶에서 별로 중요하지 않은 부분에서는 어떤 생각에 사로잡히거나 불쾌한 경험을 회피하려고 할 가능성이 거의 없다. 사실 그런 부분에서는 불쾌한 경험 자체를 하지 않을 가능성이 크다. 운동 능력에 대해 전혀 신경 쓰지 않는다면, 누군가 당신의 어설픈 백핸드나 서투른 골프 스윙을 비웃을 때 당신도 웃으면서 받아넘길 것이다. 하지만 당신이 코트나 골프장의 챔피언이 되기 위해 엄청난 시간과 에너지를 투자한다면 그런 비웃음에 상처받을 수 있고, 사람들이 고통스러운 상황에서 흔히 하는 행동, 즉 융합과 회피의 행동을 할 수도 있다.

제목 : 가치 선언

준비물 : 1단계 – 거울

        2단계 – 녹음기

        3단계 – 다른 사람

난이도 : 상

당신이 가치 있게 여기는 부분에서 융합과 회피가 일어나는 것을 확인하고 싶은가? 이 게임이 바로 그것을 위한 게임이다. 1단계를 시작하기 전에 당신이 가치 있게 여기는 것에 대해 생각해본다. 그리고 그 가치를 한 문장으로 표현한다. 가능성은 무한하다.

● 나는 좋은 엄마가 되고 싶다.

● 나는 무엇보다도 정말 멋진 남편이 되고 싶다.

● 돌들이 내 삶의 전부다. 나는 최고의 지질학자가 되고 싶다.

이제 그 문장을 마음에 담고 게임을 시작할 준비를 한다. 단계별로 천천히 진행하면서 각 단계마다 어떤 생각이 떠오르는지 주의 깊게 살펴본다.

| 1단계

거울을 꺼낸다.(거울이 세워져 있거나 벽에 걸려 있다면 그 앞에 선다.) 두 눈을 똑바로 쳐다보며 당신이 생각한 문장을 큰 목소리로 분명하게 말한다.

| 2단계

녹음기를 꺼낸다. 다시 한 번 큰 목소리로 분명하고 자신 있게 말하며, 자기 목소리를 녹음한다.(비디오로 녹화할 수 있다면 더욱 좋다.) 녹음이 끝나면 자기 목소리를 몇 번 들어본다.

| 3단계

3단계가 가장 중요하다. 다른 사람 앞에 앉아 그 사람의 눈을 들여다보며 큰 목소리로 분명하게 말하다

| 4단계

이제 자기 얼굴을 보면서 녹음한 목소리를 다시 들어본다. 녹음기에서 나오는 목소리의 주인공이나 비디오에 녹화된 사람에게 연민을 가지고 다시 한 번 듣는다. 눈을 감고 들으면서 그 문장에 깃든 깊은 의미를 느껴본다.

여러 가지 생각이 분주하게 떠오르면 가만히 내버려둔다. 마음 속에 떠오르는 생각보다 더 중요한 것이 있다. 자신에게 다음과 같은 질문을 해 본다.

'자신의 생각에 따라 살지, 가치에 따라 살지 결정할 수 있다면 어떤 것을 선택하겠는가?'

이 게임의 목표는 자기 자신을 설득하는 것도 아니고 긍정적인 말을 계속 반복하는 것도 아니다. 이 게임은 기꺼이 받아들이려는 의지에 대한 진지한 테스트다. 어떤 생각이 떠오르든 그 생각을 받아들일 수 있었는가? 각 단계를 진행하면서 어떤 느낌이 들었는가? 긴장감? 내키지 않음? 주저하는 마음? 지금 당장 다음 질문에 솔직하게 대답해보아라.

'바로 지금 아까와 다른 가치를 가지고 이 게임을 다시 해보겠는가? 삶의 얼마나 많은 부분에서 진정으로 뛰어나고 싶다는 당신의 의지를 증인 앞에서 기꺼이 선언할 수 있는가?'

어려운 질문이다. 그렇지 않은가? 그리고 우리가 여기서 독자들에게 요구한 것은 삶에서 진심으로 멋지게 해내고 싶은 일을 그저 〈말〉하는 것이었다. 우리는 당신의 마음이나 이 세상이 당신 앞에 부려놓을 장애물과 도전에 맞서는 〈행동〉에 대해서는 언급하지 않았다. 일상생활에서 가치를 실현하기 위해서는 진심을 담은 행동, 즉 전념 행동이 필요하다. 다음 장에서는 바로 그 전념 행동에 대해 알아볼 것이다.

07

너는
베드로라 :
전념 행동

오래된 모든 것. 다른 것은 없다.
한 번 해보라. 한 번 실패해보라.
안될게 뭔가. 다시 해보라.
다시 실패해보라.
좀 더 잘 실패해보라.

−사무엘 베케트, 『워스트워드 호』

지금까지 우리는 ACT의 여섯 가지 영역 중 네 가지에 대해 살펴보았다. 지금까지 살펴본 영역에 대해 쉽게 말하자면, 현재에 머무르며 현재를 위해 살기, 생각을 가볍게 바라보기, 좋은 일이든 슬픈 일이든 기꺼이 받아들이기, 중요한 삶의 가치 선택하기라고 할 수 있다. 그리고 이제 다섯 번째로 「전념 행동」에 대해 말하고자 한다.

ACT의 관점에서 전념이란 지금까지 이 책에서 이야기했던 모든 것을, 지금 이 순간부터 앞으로 영원히, 하나도 빠뜨리지 않고 결코 실수도 하지 않으며 실천하겠다고, 진지하고 확실하게 약속하는 행동이라고 할 수 있다. 이 장에서 우리는 독자들에게 자리에서 일어나 가족과 친구, 동료들 앞에 서서 당신의 가장 소중한 가치를 실현하는 방향으로 살겠다고 큰 소리로 선언하라고……

잠깐! 책을 집어 던지기 전에 한 마디 하자면 농담이다! 이 책을 처음부터 쭉 읽어왔다면 농담이라는 것을 알아챘을 것이다. 하지만 위 단락을 읽으면서 몸 어딘가에서 찌릿한 느낌이 있었는가? 불편한 느낌이 들었거나 혹시 약간 두려웠는가? 전념이라니! 함부로 하기 힘든 말이다. 불안 때문에 힘들어 하지 않았더라도 위에서 말했던 것처럼 삶에 전념하라는 말을 들으면 불안해질 것이다. 6장에서 우리는 우리가 소중히 여기는 가치에 대해 생각하고 말할 때, 융합과 회피가 발생하기 쉽다는 것에 대해 살펴보았다. 전념 행동에 대해서는 가치에 대해 말할 때 보다 융합과 회피가 일어날 가능성이 두 배 만큼 높다고 할 수 있다.

✺ 일상생활에서의 전념

그렇다면 ACT의 관점에서 전념이란 무슨 뜻일까? 그 답을 찾기 전에 평범한 일상생활에서 전념이 무슨 뜻인지 먼저 살펴보자.

일상생활에서 그 단어를 사용할 때는 보통 〈미래에 어떤 일을 하겠다는 약속〉을 뜻한다. 이러한 약속은 6장에서 언급했던 목표라고도 할 수 있으며, 한정된 범위에서 행하는 특정한 행동이나 여러 가지 행동의 조합이라고 할 수 있다. 물론 구체적이고 한정된 목표와 관련이 있다고 해서 쉽거나 하찮은 것은 아니다. 예를 들어 의사가 되거나 안데스 산맥의 아콩카과 산 정상에 오르는 것, 지역 사회에 노숙자들을 위한 쉼터를 짓는 일 등은 매우 복잡하고 어려운 일이다. 하지만 이처럼 목표가 뚜렷한 전념 행동은 그 범위가 엄청나게 넓다 해도 결국 눈에 보이는 특정한 결과로 판단할 수 있다.

우리 삶에서 이처럼 목표 지향적인 전념 행동이 무엇인지는 쉽게 알 수 있다. 우리는 축구 교실에 아이를 데리러 가기로 약속한다. 매달 대출금을 갚아나가기로 결심한다. 토요일에 있을 파티에 파인애플 샐러드와 마시멜로우를 가져가기로 약속한다. 이러한 전념이 일생생활에 끼치는 영향 또한 쉽게 파악할 수 있다. 우리는 미래에 특정한 행동을 하기로 약속하고, 그 약속을 지킬 때도 있고 지키지 못할 때도 있으며, 각각의 경우 그에 따른 결과가 수반된다. 게임이 끝나고 아이들을 안전하게 집으로 데려오면 마음이 편해진다. 대출금을 갚지 않으면 은행이 자동차를 압류해 간다. 파티에 모인 손님들이 먹음직스러운 샐러드를 조심스럽게 바라보다가 마침내 누군가 한 스푼 뜬다.

하지만 뚜렷한 목표와 상관없는 약속도 있다. 우리는 꾸준한 행동으로만 보여줄 수 있는 약속을 하기도 한다. 우리는 배우자를 사랑하고 존중하며 소중히 여기기로 약속한다. 좋은 부모가 되기로 결심한다. 운동을 하고 몸에 좋은 음식을 먹으며 건강을 돌보기로 다짐한다. 이러한 약속 혹은 전념과 6장에서 논의했던 가치들 사이의 연관성이 보이는가? 눈에 보이는 결과가 없는 이러한 전념 행동은 소중히 여기는 가치를 삶으로 옮기는 수단이라고 할 수 있다. 그렇기 때문에 ACT의 관점에서 가치와 전념 행동은 명확하게 서로를 비추는 거울이라고 할 수 있다.

전념 행동을 일상생활에서 미래에 대한 약속을 지키는 것으로 받아들인다면, 자신이 선택한 가치에 전념하는 행동은 쉽지 않을 수 있다. 구체적인 결과가 따르는 목표 지향적인 전념 행동과 달리 특정한 결과로 판단할 수 없는 가치에 대한 전념 행동을 이해하기 위해서는 약간의 노력이 필요하다.

| 불확실성과 전념 행동

일생생활에서 우리는 우리가 소중히 여기는 가치를 실현하기 위해 전념하겠다고 약속하고 늘 그 약속을 지키지 못한다. 특히 사람들은 약속을 지킬 수 있을지 없을지 확실치 않다는 점 때문에 불안해하기도 한다.

가장 먼저 가치에 관한 자기 자신과의 약속 한 가지를 떠올린다. 마음속에서 한 가지를 떠올린 다음 3단계의 게임을 진행한다.

약속은 한 가지면 되지만 구체적이어야 한다. 쉽게 떠오르는 사람도 있을 것이고, 오래 걸리는 사람도 있을 것이다. 시간이 조금 걸린다면 부드럽게 호흡하면서 생각이 떠오를 때 까지 기다린다.

| 1단계

삶이 뜻대로 흘러간다고 했을 때, 일주일이나 한 달, 1년 혹은 5년 동안 ' 그 약속을 지키기 위해 전념한다면 자신의 삶이 어떻게 펼쳐질지 생각해본다. 10년 동안 그 약속을 지키기 위해 전념한다면 어떻게 될까?

| 2단계

숨을 깊이 들이쉬고 참았다가 천천해 내쉰다. 이번에는 그 약속을 지키지 않을 때 삶이 어떻게 될지 상상해본다. 만약 그 약속을 지키지 못하거나 지키지 않기로 할 때, 십년 후의 삶은 어떤 모습일가? 여기서 주의할 것이 있다. 미래의 당신을 구하기 위해 현재의 당신에게 충고를 하고 싶을지도 모른다. 그러지 말아라. 약속을 지키지 못하면 어떻게 될지에 대해서만 생각해본다. 눈앞에 닥친 문제를 해결하려고도 하지 말고, 떠오르는 생각을 밀어내지도 않는다.

| 3단계

다시 한 번 숨을 깊이 들이쉬고 내쉰다. 이번에는 지금 당신의 삶이 어떤 모습인지, 앞으로 당신의 삶이 어떻게 펼쳐질지 생각해본다. 그리고 약속을 지킬 수 있을지 없을지 생각해본다. 자신이 원하는 특정한 결과를 떠올리기 위해 애쓰지 않는다. 그저 실제로 어떤 일이 일어날지 생각해본다. 약속을 지킬 수 있을까? 아니면 포기할 것인가? 3단계에서는 특히 몸에서 느껴지는 미세한 감각에 주의를 기울여본다.

3단계에서 눈에 띄는 신체의 변화를 느꼈는가? 만약 그랬다면 그럴만한 이유가 있다. 2장에서 논의한 바에 따르면 인간은 불확실한 것을 싫어한다. 하지만 특정한 결과가 수반되지 않는 가치에 대한 전념 행동은 곧 불확실성이라는 문을 여는 것과 같다. 과연 약속을 지킬 수 있을 것인가? 미래를 내다볼 수 있는 수정구슬이 없다면, 그리고 그 약속을 지키는 방법을 모른다면, 이 질문에 대한 솔직한 대답은 〈잘 모르겠다〉일 것이다. 그리고 나쁜 소식은 우리가 살아 있는 한, 우리의 대답은 〈잘 모르겠다〉이거나 〈실패할지도 모른다〉, 둘 중 하나라는 것이다. 특정한 결과가 없는 전념 행동에서 오직 확실한 것은 바로 그 불확실성이며, 오직 실패를 통해서만 그 불확실성에서 벗어날 수 있다.

음주 문제가 있는 사람의 예를 들어보자. 수년 동안 술 때문에 문제를 겪어왔던 한 여성이 마침내 변하기로 결심했다. 그리고 알코올중독치료를 시작했다. 알코올 중독에 관한 최고의 교육과 치료를 받았다. 의사와 심리치료사, 좋은 친구들, 사랑하는 사람들의 지지를 받고 다시는 술을 마시지 않겠다고 자기 자신과 약속했다.

그녀는 과연 그 약속을 지킬 수 있을까? 아무도 모른다. 그녀가 살아 있는 한 우리는 절대 알 수 없으며, 그녀 자신도 마찬가지다. 알코올 중독치료의 성공률을 근거로 그녀가 다시 술을 마실 가능성이 어느 정도인지 이야기할 수는 있을 것이다. 또한 그녀가 지금까지 얼마나 약속을 잘 지켰는지 살펴보면서, 이번에는 약속을 지킬 수 있을지 없을지 추측할 수도 있다. 하지만 '그녀는 다시 술을 마실 것인가?' 라는 질문에 답하는 단 한 가지 방법은 바로, 지금 이 순간부터 숨을 거둘 때 까지 그녀 앞에 펼쳐지는 삶의 매 순간을 지켜보며, 그녀가 다시 술병을 따는지, 혹은 술잔을 입에 대는지 확인하는 것뿐이다. 상황에 따라서 우리는 그녀의 삶을 아주 오랫동안 지켜볼 수 있다. 그리고 그러는 동안 어떻게 될까? 바로 불확실성의 바다에서 헤엄치게 될 것이다. 알코올 중독에서 벗어나고 싶어 하는 많은 사람들은 이처럼 미래를 알 수 없다는 점 때문에 힘들어 하며, 결국 그 중 다수가 다시 술을 마시게 된다. 다시 술을 입에 대는 바로 그 순간, 불확실성이 사라지기 때문이다. 그리고 바로 그 순간 우리는 이렇게 대답할 수 있다. '네, 그녀는 다시 술을 마실 거예요.' 비록 끔찍한 대답이지만 그 대답에서 그녀는 순간의 평화를 얻을 것이다.

● 전념 행동

이쯤이면 독자들도 뭔가 이상하다는 생각을 하고 있을 것이다. 우리는 7장에서 지금까지 전념 행동에 대해 논의했으며, ACT가 효과를 보기 위해서는 전념 행동이 중요하다고도 언급했다. 하지만 우리는 미래에 대한 약속에서 불확실성과 불안을 느낀다고도 했다. 그렇다면 어떻게 해야 할까?

결국 ACT의 관점에서 전념 행동이란 미래에 대한 약속 이상의 의미가 있다고 할 수 있다. 일상생활에서 사소한 약속을 지키는 것도 전념 행동의 일부인 것은 확실하지만, ACT에서 말하는 전념 행동의 전체적인 의미를 설명하기에는 부족하다고 할 수 있다.

| 전념 행동이란 미래를 바라보며 현재에 사는 것이다.

사람들이 미래에 어떤 행동을 하겠다고 자기 자신이나 타인에게 한 약속을 언제나 지킨다면, 전념 행동은 곧 가치를 추구하는 것과 똑같을 것이고, 이 책의 7장도 필요 없을 것이다. 6장을 읽고 삶에서 원하는 것이 무엇인지 생각한 다음, 그에 따라 둘도 없이 행복한 삶을 살 수 있을 테니 말이다.

하지만 우리는 그럴 수 없다는 사실을 알고 있다. 우리 삶은 지키지 못한 약속으로 가득하다. 오늘 했던 진심어린 약속이 내일이면 영혼을 짓누르는 짐이 되고, 가장 뛰어난 계획도 멋대로 꼬여버리기 일쑤다. 그것이 우리가 통제할 수 없는 상황 때문인지, 스스로 세운 기대에 맞춰 살지 못하는 우리의 무능력 때문인지는 중요한 문제가 아니다. 어떤 이유로든 우리는 실패에 익숙하다. 그리고 미래에 대한 약속과 같은 일상생활에서의 전념 행동은 우리의 심리적 유연성을 높여주지도 않는다.

하지만 우리가 한 약속의 결과에 대해 걱정할 필요가 없다면 어떨까? 전념 행동을 지금 이 순간 우리가 하고 있는 행동이라고 생각한다면 어떨까? 알코올 중독에서 벗어나기 위해 노력했던 사람에 대해 다시 한 번 생각해보자. 그녀는 다시 술을 마실 것인가? 앞에서도 말했듯이 아무도 모른다. 오직 시간만이 말해줄 수 있을 뿐이다. 우리는 그 질문에는 대답할 수 없지만, 다른 질문에는 대답할 수 있다. 그녀는 지금 술을 마시고 있는가? 방금 술을 마셨는가? 아니다. 그렇다면 바로 지금은? 여전히 아니다. 이처럼 그녀는 매 순간 자신이 소중히 여기는 가치에 전념할 수 있다.

우리는 우리가 소중히 여기는 가치나 특정한 목표에 맞게 지금 이 순간의 행동에 전념할 수 있다. 목표를 성취할 수 있는지 없는지에 대해서는 관심을 두지 않아도 된다. 성공한다면 좋지만 성공이 전부는 아니다. 왜냐하면 가끔은(어쩌면 자주) 삶이 어떻게 펼쳐질지 결코 상상할 수 없기 때문이다. 자신의 삶을 정말로 변화시킨 사람을 본 적이 있는가? 삶의 가장 밑바닥에서 누구나 부러워할 멋진 삶을 쟁취한 사람을 본 적 있는가?

지금 당장 누가 떠오르지 않더라도 어떤 상황인지는 충분히 상상할 수 있을 것이다. 이번에도 술을 끊고 싶어 하는 사람에 대해 생각해보자. 5년 전 그녀는 거의 매일 밤, 술에 취해 거실에서 잠들었을 것이다. 도움이 안 되는 연애를 되풀이했을 것이고, 여러 직장을 전전했을 것이다. 비가 내리는 어느 날 밤, 나무에 차를 들이박았을지도 모른다. 그녀는 바로 그 순간 삶에서 무엇을 기대했을까? 어쩌면 이런 생각을 하고 있었을지도 모른다. '내가 1년 후에도 과연 살아 있을까?'

이제 그녀가 자기 삶을 정말로 바꿔 10년이 지났다고 해 보자. 그녀는 술을 끊을 수 있도록 도와주는 사람들과 어울렸다. 친구들이 그녀에게 수출입 회사의 사무보조 일자리를 구해주었고, 그녀는 열심히 일 해 판매부서로 자리를 옮겼다. 마침내 중국 시장을 관리하는 팀의 매니저까지 승진하게 되었다. 이제 그녀는 비즈니스 클래스를 타고 로스앤젤레스와 베이징을 오간다. 뜨거운 물수

건으로 손을 닦고 승무원들이 탄산수와 여분의 부드러운 쿠션을 권한다.

　빈민가에서 비즈니스 클래스에 탑승하려면 엄청난 역경을 물리쳐야 했을 것이고, 누구나 그와 비슷한 예는 한 가지 쯤 알고 있을 것이다. 하지만 내년에도 살아남을 수 있을지 걱정하고 있을 때, 그녀는 과연 태평양 3만 5천 피트 상공의 뜨거운 물수건과 탄산수를 꿈꾸고 있었을까? 그렇지 않았을 것이다. 삶은 때때로 그와 같다. 우리는 먼 미래를 볼 수 없으며, 미래의 특정한 지점에 도달한 다음 어떤 일이 펼쳐질지 알기 위해서는 바로 그 지점에서 또 한 발짝 앞으로 움직여야 한다.

　우리는 삶이 어떻게 펼쳐질지 모른다. 그렇기 때문에 구체적인 목표를 이루기 위해 전념하든, 변하고 발전하는 가치에 대해 전념하든 전념의 결과는 우리가 결코 통제할 수 없다. 하지만 우리는 삶에서 중요한 가치를 실현할 수 있게 해 주는 행동에 매 순간 전념할 수 있다. 물론 우리는 반드시 실패할 것이다. 하지만 실패할 때마다 다시 한 번 전념할 수 있는 새로운 순간을 맞이한다. 가치 있는 삶은 바로 그 순간 안에 있으며, 그것이 바로 ACT에서 전념의 핵심이다.

또 내가 네게 이르노니, 너는 베드로라. 내가 이 반석 위에 내 교회를 세우리니, 지옥의 권세가 이기지 못하리라. 내가 천국 열쇠를 네게 주리니, 네가 땅에서 무엇이든지 매면 하늘에서도 매일 것이요, 네가 땅에서 무엇이든지 풀면 하늘에서도 풀리리라.

−『마태복음』 16장 18−19절

| 흔들리는 토대 위에도 반석을 쌓을 수 있다

전념 행동이 정확히 무엇인지 이해할 수 있는 이야기가 성경에도 있다. 예수가 교회를 세우겠다고 선언한 〈반석〉, 예수의 첫 번째 제자 베드로의 이야기다. 이 이야기는 또한 의지할 수 없고 믿음직하지 못하며 성마른 어부 베드로에 관한 이야기이기도 하다. 이 두 사람이 동일인물이라는 것이 바로 전념 행동에 대한 논의에서 매우 중요하다.(지금은 주일학교 시간도 아니고 우리는 신부도 목사도 아니다. 우리는 단지 이 이야기를 좋아하는 것뿐이다. 베드로의 이야기는 모든 인간은 인간으로서의 약점이 있고 오류에 빠지기 쉽지만, 그럼에도 불구하고 매 순간 전념할 수 있다는 사실을 아주 잘 보여준다.)

이야기는 예수가 갈릴리 호수를 오가며 장사를 하던 시몬 베드로와 어부들을 만나는 것으로 시작한다. 대부분의 복음에서 베드로는 〈사람을 낚는 어부〉로 만들어주겠다는 예수의 말을 듣고 그를 따르기로 결심한다.(마태복음 4장 18-19절) 하지만 『루가복음』
에서는 〈엄청나게 많은 고기〉를 잡는 방법을 알려주겠다는 예수
의 말에 사도가 되기로 결심한다. 이것이 결국 유다의 배신으로
끝나는 그들의 파란만장한 관계의 시작이었다.

　　『마태복음』에서 베드로는 예수가 물 위를 걸을 때 그와 동행하
다가 마지막 순간에 믿음을 잃고 물에 빠진다.(마태복음 14장 28
절-31절) 최후의 만찬에서 예수는 자신의 죽음을 예언하고 자신이
죽고 나면 사도들의 믿음이 흔들릴 것이라고 경고했다. 이에 베드
로는 '모든 사람이 주님에 대한 믿음을 잃는다 해도 저는 결코 믿
음을 저버리지 않겠나이다.' 라고 말하며, 전념의 대표 격인 〈미래
에 대한 약속〉을 했다.(마태복음 26장 23절) 이에 예수는 베드로의
믿음이 흔들릴 뿐만 아니라, 오늘 밤 닭이 울기 전에 실제로 세 번
이나 자신을 배신할 것이라고 답했다.(마태복음 26장 34절) 그 전에
예수는 베드로와 다른 몇몇 사도들만 데리고 게세마니 동산으로
간다. 그리고 베드로와 제자들에게 깨어 있으라고 하셨다. 예수는
기도를 하러 동산에 올랐고, 그가 돌아왔을 때 베드로와 사도들은
잠들어있었다.(마태복음 26장 40절) 이에 예수는 이렇게 말씀하셨
다. '마음은 간절하나 육신은 허약하구나.' (마태복음 26장 41절) 게
다가 베드로는 예수가 다시 기도를 하고 돌아왔을 때와 세 번째로
기도를 하고 돌아왔을 때까지 잠들어 있었으니, 게세마니 동산에
서 예수가 번민할 때 베드로는 깨어 있겠다는 약속을 한 번도 지

키지 못했다.

대사제들과 바리사이파 사람들이 유다가 흘린 정보를 듣고 예수를 체포하러 왔을 때에도 베드로는 보기 드문 모습을 보였다. 『요한복음』에 따르면 예수가 끌려갈 때 베드로는 흥분하며 칼을 꺼내 가련한 대사제의 종 말고의 귀를 잘라버렸다. 이번에도 예수는 베드로를 부드럽게 꾸짖었다. 그리고 이야기는 다음과 같이 흘러간다.

예수가 심문을 받고 있는 동안 베드로는 불을 쬐러 거리로 나갔다. 얼마 지나지 않아 한 여종이 예수의 첫 번째 제자를 알아보았다. 그리고 여기서부터 베드로의 배신이 시작된다. '오, 아니요. 나를 다른 사람으로 착각하고 있는 것이오.' (마르코복음 14장 68절) 의심을 풀지 못한 여종은 곁에 있던 사람들에게 저 자기 예수의 제자라고 말했고, 이에 베드로는 이렇게 답했다. '예수요? 그 사람을 본 적도 없소.' (마르코복음 14장 70절)

마침내 불 주변에 모여 있던 사람들은 이렇게 말했다. '당신도 갈릴레이 억양으로 말하지 않소! 예수살렘에는 갈릴레이 사람들이 많지 않소. 당신도 그 예수라는 작자와 한 패임이 틀림없소.'

붙잡힌 베드로는, 그런 상황이라면 대부분의 사람들이 그렇듯이, 화를 내고 뱃사람처럼(어쩌면 혹시 어부처럼?) 욕을 하며 예수에 대해 전혀 모른다고 다음과 같이 부인했다. '나는 당신들이 말하는 그 사람을 알지도 못하오.' (마르코복음 14장 71절)

한편, 예수는 십자가에 못 박혀 처참한 죽음을 당하고 수수께 끼처럼 부활한다. 그리고 베드로의 떳떳하지 못한 행동에도 불구하고 몇 차례 베드로 앞에 그 모습을 드러낸다. 마지막으로 베드로 앞에 나타났을 때 예수는 그에게 세 번 묻는다. '나를 사랑하느냐?'(요한복음 21장 15–17절) 그리고 베드로는 매 번 그렇다고 대답한다. 이에 예수는 베드로에게 문을 열어주며 마지막으로 이렇게 말한다. '나를 따르라.'(요한복음 21장 22절)

이 이야기에는 중요한 메시지가 있다. 바로 어떤 인간도 완벽하지 않다는 사실이다. 우리는 성미가 급하고 기분이 안 좋을 때도 있으며 믿음을 잃기도 한다. 그럼에도 불구하고 살아 있는 한 언제나 우리가 중요하게 생각하는 가치로 되돌아갈 수 있다. 연이은 배신을 하고 거듭 화를 낸 후에도 베드로는 다시 예수에게 돌아왔다. 예수가 다시 베드로를 받아들여 두 사람은 행복한 결말을 맞았지만, 그 결말이 중요한 것은 아니다. 중요한 것은 바로 베드로가 나쁜 길로 빠졌다가도 언제나 되돌아왔다는 것이다.

| 전념 행동의 핵심

우리는 다시 되돌아오는 이 과정이 바로 ACT에서 전념 행동의 핵심이라고 생각한다. 우리는 가치를 선택하고 전념 행동을 통해 그 가치를 행동으로 옮긴다. '나는 좋은 엄마가 될 거야. 나는 친절한 사람이 될 거야. 나는 직장에서 능력을 발휘할 거야.' 우리는 이런 생각을 하며 미래에 대해 약속한다. 그리고 실패한다. 자주 실패한다. 엄청난 실패를 하기도 한다. 누구나 그리고 언제나 쉽게 이룰 수 있는 가치는 거의 없다고 할 수 있다. 늘 사랑이 가득한 부모도 가끔은 이기적일 수 있으며, 언제나 아이 곁에 있을 수도 없다. 가장 훌륭한 교수도 가끔은 학생들에게 화를 낼 수 있다. 성 아우구스티누스도 신에게 순결하고 변치 않게 해 달라고 기도했다. 그 조차도 순결하지 않을 때가 있었다. 목표를 세우고 이를 성취하는 것은 물론 신나는 일이지만 전념의 핵심은 바로 끈기라고 할 수 있다.

제목 : 냉장고 채우기

준비물 : 없음

난이도 : 하

이 게임은 전념 행동을 위한 간단한 워밍업이라고 할 수 있다.

먼저 냉장고를 떠올려본다. 냉장고는 지금 텅 비어 있다. 이제 당신이 추구하는 가치에 대해 생각해본다. 그리고 사소한 행동이든 대단한 행동이든 그 가치에 부합하는 행동이 무엇인지 생각해본다. 그리고 각각의 행동을 유리병에 넣거나 갈색 종이에 싸서 냉장고 선반 위에 하나씩 올려놓는다.

예를 들어 보자. 좋은 파트너가 되는 것에 가치를 두고 있는가? 그렇다면 첫 번째 유리병에는 힘든 하루를 마치고 집으로 돌아오는 연인을 현관에서 맞이하는 행동있는 수 있다. 두 번째 유리병에는 말다툼을 할 때 상대방의 말을 주의 깊게 듣는 행동있는 수 있다. 파트너가 선택한 식당이나 영화에 기분 좋게 동의하는 행동도 상자에 넣어 선반에 올려놓을 수 있다. 이처럼 당신이 할 수 있는 여러 가지 행동으로 냉장고를 가득 채워본다. 냉장고가 가득 차면 이번에는 다른 가치를 떠올리고, 그에 필요한 행동으로 또 다른 냉장고를 채운다.

ACT의 관점에서 전념 행동에는 내일이나 모레 일어날 일에 대해 약속하는 것보다 더 큰 의미가 있다. 일상생활에서의 전념이 미래의 구체적인 사건에 대한 약속을 지키는 것이라고 할 수 있다면, ACT의 전념 행동은 지금 이 순간 우리가 가고자 하는 방향을 선택하고, 또 선택하는 과정이라고 할 수 있다. 전념 행동은 변하지 않는 사실이 아니라 역동적인 과정이며, 우리는 매 순간 이를 선택할 수 있다. 전념 행동은 성공과 실패를 가늠하는 수단이 아니라 우리가 다듬어야 할 기술이다. 그 기술을 통해 우리는 풍요롭고 의미 있는 삶이라는 목표에 도달할 수 있을 것이다.

● 지금 이 순간에 전념하기

전념 행동은 ACT의 다른 영역과 밀접한 관련이 있다. 7장을 읽으면서 현재에 머무르기가 떠올랐다면 이 책의 내용을 잘 이해하고 있는 것이다. 앞에서 했던 호흡명상도 전념 행동에 아주 적절한 비유라고 할 수 있다. 호흡 명상의 과정을 살펴보면 실생활에서의 전념 행동이 무엇인지도 알 수 있을 것이다.

자, 호흡명상을 하기 위해 자리에 앉는다. 마음을 가라앉히고 호흡을 세며 명상을 시작한다. 하나, 둘, 셋. 엉덩이가 아파 집중력이 사라진다. 다시 부드럽게 호흡에 집중한다. 하나, 둘, 셋. 갑자기 '전기 요금을 냈나?' 하는 생각이 든다. 다시 한 번 집중력이 흐트러졌다는 사실을 알아챈다. 길을 걷다 만난 친구와 반갑게 인사하고 다시 길을 걷는 것처럼, 머릿속에 떠오르는 생각을 인식한 다음 내려놓고 다시 호흡에 집중한다. 호흡에 집중하기로 선택했으므로 이런 행동을 하는 것이다. 당신이 선택한 방향으로 부드럽지만 끊임없이 돌아오는 이 과정이 바로 ACT에서 말하는 전념이라고 할 수 있다.

| 전념 행동과 가치

마지막으로 6장에서 논의했던 가치와 전념 행동의 관계에 대해 살펴보자. ACT의 관점에서 전념 행동은 우리가 소중히 여기는 가치를 추구하는 것과 크게 다르지 않다고 할 수 있다. 사실 우리가 가치 있게 여기는 삶의 많은 측면, 예를 들어 좋은 부모가 되거나, 직장에서 능력을 발휘하고, 좋은 친구가 되는 것은 약속을 하고 이를 지키는 과정이라고 할 수 있다. 그렇다면 전념 행동이 곧 가치를 실현하는 과정이 되는 것이다.

당신에게 소중한 가치를 떠올려보아라. 좋은 부모가 되는 것을 가치 있게 여긴다면 당신은 이를 위해 어떤 행동이 필요한지도 알고 있을 것이다. 아이들에게 필요한 물건을 준비해주고, 시간을 함께 보내며, 세상을 탐험할 수 있도록 격려하는 행동 등이다. 아주 짧은 시간에도 좋은 부모가 되기 위해 필요한 구체적이고 상세한 행동 목록을 만들 수 있을 것이다.

그렇다면 지난 몇 주의 삶을 되돌아볼 때 좋은 부모가 되겠다는 당신의 가치에 언제나 부합하게 행동했다고 말 할 수 있는가? 아니어도 괜찮다. 다른 사람들도 당신처럼 목표를 세우고 실패한다. 그리고 털고 일어나 다시 한 번 도전한다. 우리는 우리가 추구하는 가치에 정확히 들어맞게 행동할 때도 있고, 전혀 어울리지 않는 행동을 할 때도 있다. 하지만 자신의 가치에서 벗어나 있다는 사실을 알아차리는 바로 그 순간, 숨을 고르고 벗어나 있다는 사실을 알아차린 다음 다시 부드럽게 돌아오면 된다. 어떤 중요한 가치를 실현하기 위해서도 부드럽게 돌아오는 이 과정은 반드시 필요하다. 다시 돌아오는 이 과정이 바로 모든 차이를 만든다.

08

우리는 크다: 맥락으로서의 자아

과거와 현재는 쇠퇴한다. 나는 그것들을 채우고 비웠다.

그리고 미래의 내 다음 우리를 채우러 나아간다.

저기 청중이여! 당신은 나에게 무엇을 털어놓을 것인가?

내 얼굴을 보아라, 내가 저녁의 옆걸음질을 알아채는 동안,

정직하게 말해라. 그 누구도 당신 말을 듣지 않으니,

그리고 나는 그저 잠깐 머무를 따름이니.

나는 나 자신과 모순되는가?

그렇다면 아주 잘되었다. 나는 나 자신과 모순이다.

나는 크다. 나는 많은 것을 품고 있다.

– 월트 휘트먼, 『풀잎』

마지막으로 '당신은 누구인가?'

라는 질문에 대한 답을 탐구하며 우리 논의를 마무리하고자 한다. 우리는 그 답을 넓은 맥락에서 찾지 않을 것이다. 우리는 운전면 허증을 들여다보거나, 엄마에게 물어서 해결할 수 있는 것처럼 일상생활에서 마주하는 정체성에 대해 이야기하는 것이 아니며, 영성이나 사변적인 과학 등 소수만 이해할 수 있는 언어로 이 질문에 답하고자 하는 것도 아니다. 물질적인 차원의 육체가 대부분 전자들이 제멋대로 가로지르고 있는 빈 공간과 어마어마한 빛으로 이루어져 있다는 사실 또한 우리의 의도와는 전혀 상관이 없다.

우리는 심리학적 관점에서 이 질문에 답하고자 한다. 심리학에서도 매우 한정적인 범위에서 답할 것이다. 이를 위해 우리는 ACT 마지막 영역의 실질적인 기능을 「맥락으로서의 자아」라고 부를 것이다. ACT의 긍정적이고 기능적인 관점으로 살펴보면 '당신은 누구인가?'에 대한 대답은 다음과 같다. '나는 내 삶을 구성하는 모든 생각, 감정, 육체적 상태, 외적 사건을 경험하는 사람이다. 나는 또한 내 삶에서 앞으로 일어날 모든 사건이 펼쳐지는 맥락이다.' 이렇게 생각하지 못하는 자아를 우리는 《개념적 자아》라고 부른다. 자신에 대해 특정한 개념에 사로잡혀 있을 때 '당신은 누구인가?'라는 질문에는 아까와 달리 이렇게 대답할 수 있을 것이다. '나는 집에 자주 전화하지 않는 나쁜 아들이다,' '나는 정상이 아니다,' '나는 늘 형편없기 때문에 성공하기 위해서는 엄청나게 노력해야 한다.' 더 넓은 의미로, 그리고 더 추상적으로 살펴보자면 맥락적 자아는 대상을 의식하는 지속적인 과정이라고 할 수 있으며, 개념적 자아는 의식의 내용을 인식하는 것이라고 할 수 있다.

익숙한 개념이지 않은가? 당연히 그럴 것이다. 맥락적 자아는 포괄적이고 유동적이며 점진적으로 발전한다. 다시 말하면, 역동적이다. 포괄적이라는 것은 경험의 몇 가지 측면에 집착하고 나머지를 배제하는 것이 아니라, 경험의 모든 측면을 받아들이는 의식적인 선택, 즉 수용을 뜻한다고 할 수 있다. 유동적이라 함은 흐르는 물이 돌을 잡거나 필사적으로 매달리는 것이 아니라, 물길에 따라 돌을 스치며 주변을 흐르는 것처럼 자신의 생각을 가볍게 바라보는 탈융합이라고 할 수 있다. 그리고 점진적 발전하는 것은 곧 우리와 함께 일생 동안 변하고 발전하는 가치라고 할 수 있다.

이 모든 상태를 반대로 묘사하면 개념적 자아에 대해서도 정의할 수 있을 것이며, 회피와 융합, 발전하지 않는 가치, 혹은 가치가 없는 상태에 대해서도 이해할 수 있을 것이다. 지금까지 고통스러운 경험을 밀어내거나 회피하고자 하는 강한 충동을 느껴왔다면, 머릿속에 떠오른 생각이 전적으로 사실이며 결코 변하지 않을 것처럼 매달려 있었다면, 그리고 언제나 똑같은 상태에 머물러 있었다면, 개념적 자아는 이러한 상황에서 틀림없이 불안을 느꼈을 것이다. 특히 삶에 지장을 주는 더 고통스러운 경험이었다면 그러한 불안은 마치 사형선고와 같았을 것이다. 그런데 솔직히 말하자면, 삶의 여러 가지 문제를 겪고 있는 사람들은 대부분 자신에 대한 고정적이고 제한된 관점을 갖고 있을 가능성이 크다. 다시 말하면, 삶에서 불안을 느끼는 사람이든 그렇지 않은 사람이든 모두 자신에 대한 개념적 사고에 갇혀 있다고 할 수 있다. 하지만 한 가지 좋은 소식이 있다. 개념적 자아의 관점이 곧 사형선고와 같다면, 맥락적 자아의 관점을 통해 사형 집행을 유예할 수 있다는 것이다.

● 역동적인 〈자아〉

우리가 앞에서 제안한 방법 말고도 자신의 정체성에 대해 파악하는 방법은 물론 있다. 우리가 여기서 말하는 「맥락으로서의 자아」는 당신이 하는 선택과 세상과의 상호작용에서, 자신에 대한 인식이 어떤 역할을 하는지 알려준다. ACT의 관점에서 자신에 대한 인식은 경험에서 동떨어진 고정된 생각이 아니라, 자신의 연속적인 행동과 선택, 인식의 총체라고 할 수 있다. ACT의 관점에서는 자신의 정체성을 〈자신임을 드러내는 행동〉이라고 생각하는 것이 더 정확할 것이다. 자신의 정체성은 살아 있는 한 지속되는 역동적인 과정에 의해 만들어진다고 할 수 있다.

모든 인간에게 이러한 과정은 혼자서 머리를 가누지도 못하는 인생 초기부터 시작된다. 살면서 우리는 수많은 질문을 받으며 자신이 세상을 어떻게 인식하는지, 타인은 세상을 어떻게 인식하는지 점차 알아간다. 아침으로 무엇을 먹었니? 오빠는 무엇을 먹었니? 언니는 아이스크림을 먹고 싶어 하는데 넌 뭐가 먹고 싶니? 오늘 아침에 어디에 있었니? 가장 좋아하는 색깔은 뭐니? 이러한 질문들을 통해 우리는 비교적 일관된 관점으로 대답하는 방법을 배우게 된다.

하지만 다른 행동 패턴과 마찬가지로 이 또한 절대 변하지 않는 것은 아니다. 시간이 흐르고 공간이 바뀜에 따라 우리가 보고 느끼고 생각하는 것, 그리고 더 중요하게는 자신이 누구인지에 대한 우리의 인식 또한 변한다. 일곱 살 때에는 아침 식사로 어떤 시리얼을 먹을지 스스로 선택하는 것이 정말 중요한 문제라고 생각했을 것이다. 하지만 성인이 되어 마트에 있는 모든 시리얼을 마음대로 구입할 수 있게 되면, 일반 콘프레이크를 사든 내셔널 브랜드 콘프레이크를 사든 큰 문제가 되지 않을 것이다.

하지만 모든 인간은 시간이 흐르면서 똑같은 행동을 반복하게 되고, 점차 주변 환경, 즉 우리를 둘러싼 맥락에 덜 민감하게 된다. 불안 역시 반복적인 패턴의 일부가 될 수 있다. 사람들을 만날 때마다 불편하고 두려운 감정을 꽤 오랫동안 느껴왔다면, 당신은 모든 사회적 상황을 머릿속의 커다란 폴더에 집어넣고 〈나쁘다〉는 폴더명을 붙일 것이다. 여러 가지 사회적 상황이 실제로는 서로 다르다는 사실에는 아랑곳하지 않고 말이다. 친한 친구들과의 파티와 직장 동료들과의 회의는 다르다. 가끔 만나 커피를 마시는 학부모 모임도 있다. 자세히 살펴보면 이 세 가지 모임의 성격은 모두 다르지만 〈사회적 상황〉에 반응하는 비교적 경직되고 오래된 반응 패턴 때문에, 그 세 가지 모임에 모두 똑같은 반응을 보일 수 있다. 그리고 당신은 〈사회적 상황에 잘 대처하지 못하는 사람〉이 된다. 다시 말하면, 자신이 누구인지 혹은 어떤 사람이 될 수 있는지에 대한 한정된 개념에 갇히게 된다.

◉ 불안한 자신을 놓아버려라

맥락으로서의 자아는 '나는 불안해하는 사람인가?'라는 질문, 즉 불안에 대한 경험과 큰 관련이 있다. 이 질문에 대한 답과 그 답에 따른 행동은 삶의 여러 가지 경험을 크게 좌우할 수 있다. 특히 오랫동안 불안과 싸워왔던 사람이라면 더욱 그럴 것이다.

살면서 다음 예와 비슷한 사건이나 선택이 지속되고, 그 지속적인 흐름이 곧 자신에 대한 인식을 결정한다면 일생동안 불안으로 인해 치러야 할 대가는 엄청날 것이다.

- 거실 바닥에 장난감을 늘어놓으면 안 돼. 아빠가 또 나한테 소리를 지를지두 몰라.

- 나는 미국 각 주의 주도를 다 외우지 못했어. 수업 시간에 지명 당해서 망신을 당하면 어쩌지?

- 졸업 파티에 가지 않을 거야. 함께 춤추자고 했는데 그녀가 날 비웃으면 아마 죽고 싶을 거야.

- 그 회사에는 지원하지 않을 거야. 인터뷰에서 무슨 말을 해야 할지 모르겠어.

- 아이들을 학교에 보내지 않겠어. 다른 아이들한테 감기를 옮아오면 안 되니까.

자신에 대한 인식이 위와 같다면 새로운 경험을 마주할 때마다 삶의 가능성은 분명히 줄어들 것이다. 인간은 대상을 분류해 표를 만들고 그 표를 채우고 싶어 한다는 사실을 떠올려 보아라. 위에서 언급한 경험들은 〈불안한 사람〉이라는 항목에 포함될 것이다. 불안한 사람들은 어떻게 하는가? 엘리베이터를 타지 않고, 병원에 가지 않으며, 사람들 앞에서 말할 기회를 회피하고, 파티에 참가하지 않을 것이다.

자신에 대한 인식에 삶이 얼마나 빨리 구속되는지 보이는가? 스스로 불안한 사람이라고 생각한다면 불안한 사람이라는 꼬리표를 떼어내는 것이 불안에서 벗어나 자유로워질 수 있는 중요한 첫걸음이 될 것이다.

● 새롭게 바라보기

그렇지 않겠는가? 자, 그렇다면 어떻게 할 것인가? 어떤 면에서 이 책은 맥락적 자아의 관점을 받아들이는 방법에 관한 긴 설명이라고 할 수 있다. 지금 이 순간 삶에서 일어나는 일에 머무를 수 있다면, 기쁜 일이든 슬픈 일이든 모두 받아들이고 자신에게 소중한 가치를 위해 행동하면서도 머릿속에 떠오르는 생각을 가볍게 바라볼 수 있다면, 당신은 맥락적 자아라는 수수께끼의 답을 대부분 찾았다고 할 수 있다. 우리는 이 책의 앞부분에서 ACT의 여섯 가지 영역은 서로 다른 영역을 비춘다고 설명했는데, 이를 한마디로 요약하자면 다음과 같다. 한 가지 영역에서 당신의 가능성을 확장하는 행동은 결국 ACT의 여섯 가지 영역 전체에서 삶의 가능성을 높이는데 기여할 것이다. 물론 이러한 변화를 일구는 것은 쉽지도 않고 많은 노력이 필요하지만(사실 오래된 습관은 무척 떨치기 힘들다.), 적어도 우리가 가야 할 길이 어디인지는 명확하다고 할 수 있다.

맥락으로서의 자아에 대해 더 구체적으로 알 수 있는 방법은 맥락적 자아의 관점을 적극적으로 받아들이는 것이다. 예전보다 더 나은 관점으로 세상을 바라보면 세상은 달라 보일 것이다. 관점을 바꾸면 시간과 공간에 대한 인식은 물론 자신의 정체성 또한 바꿀 수 있다. 지금까지와는 다른 눈으로 세상을 바라보기 위해 노력하다보면 다양한 기회의 창이 열려 있는 것이 어떤 느낌인지 알 수 있을 것이다.

일생동안 불안한 느낌에서 벗어나지 못했다면, 예를 들어 불안해서 비행기를 타지 못했다면, 캔자스시티 행 열한 시 삼십 분 비행기를 타는 것은 상상조차 못할 것이다. 당신은 〈절대 비행기를 타지 않는 사람〉이며 〈필요하다면 비행기를 타는 사람〉이 되는 것에 대한 생각만으로도 심장이 뛰고 손바닥에 땀이 흐르기 때문에, 그런 생각조차 하기 싫을 것이다.

하지만 당신이 〈절대 비행기를 타지 않는 사람〉이 아니라면? 당신이 만약 길을 걷고 있는 저 승무원이라면 당신의 삶은 어떻게 될까? 아니면 당신이 만약 플로리다에 사시는 할머니 댁에 가기 위해 한시라도 빨리 비행기를 타고 싶어 하며, 집에 돌아온 후에도 한 달 동안이나 플라스틱 조종사 휘장을 차고 있는 열 살 소년 이라면 어떨까? 아니면 당신은 여전히 〈절대 비행기를 타지 않는 사람〉이지만, 두려움에 떠는 아이를 위로해주고 있다면? 성 주드 병원에서 치료를 받기 위해 비행기를 타고 멤피스로 가야 하지만, 하늘 높이 올라가는 것을 너무 무서워하는 아이가 있다면 당신은 그 아이한테 무슨 말을 해줄 것인가?

다른 관점으로 세상을 바라보는 것은, 새로운 방법으로 이 세상에 존재할 수 있는 가능성을 열어준다. 당신이 만약 불안과 싸우고 있다면 이런 연습을 통해, 불안을 느끼면서도 스스로 선택한 방법으로 세상을 살아가는 자신의 모습을 상상해 볼 수 있을 것이다. 물론 지금 당장은 그 가능성이 불가능해 보일 것이다. 그렇다면 여기서 맥락적 자아의 관점을 받아들이는 데 도움이 되는 게임을 하나 해 보자.

제목 : 미래에서 온 편지

준비물 : 종이와 펜, 혹은 컴퓨터

난이도 : 다소 어려움

이 게임은 2단계로 이루어진다. 각 단계에서 친구에게 보내는 엽서나 이메일처럼 짧은 편지를 쓸 것이다. 각 단계의 목표는 당신이 지금 갖고 있는 관점과 약간 다른 관점으로 세상을 탐험하는 것이다. 단계별로 각기 다른 관점에서 세상을 살펴볼 것이다.

| 준비 단계

손으로 쓰는 것을 좋아한다면 종이와 연필을 챙겨 식탁이나 책상에 앉는다. 컴퓨터로 입력하는 것이 편하다면 컴퓨터 앞에 앉는다. 편지를 쓰기 전에 의자에 앉아 눈을 감고 몇 차례 숨을 깊이 들이쉬고 내쉰다. 특정한 생각을 떠올리려고 애 쓰지 말고 오랫동안 당신을 괴롭혔던 생각이 자연스럽게 떠오르도록 기다린다. 지금까지 이 책을 읽어왔기 때문에 어쩌면 불안에 관한 문제가 떠오를지도 모른다. 재정 상태나 건강 문제에 대해 늘 조마조마해 하는 경향일 수도 있다. 어쩌면 당신의 삶에 엄청난 문제를 일으키는 특정한 두려움일 수도 있다. 그게 무엇이든 잠시 동안 가만히 앉아 마음속에 떠오르는 생각을 느껴본다.

| 1단계

눈을 감고 어린 아이를 떠올린다. 남자라면 소년을, 여자라면 소녀를 떠올린다. 나이는 열 살 정도가 좋다. 그 아이를 자세히 바라본다. 이제 그 아이가 당신한테 다가와 당신이 걱정하고 있는 바로 그 문제 때문에 힘들다고 말한다. 당신이 떠올린 생각이 어린 아이들이 하기에 적절한 생각이 아니라면, 예를 들어 재정 상태나 직장 문제에 대한 고민이었다면, 그 아이가 부모가 하는 말을 우연히 듣고 당신에게 이야기한다고 생각한다. 아이의 얼굴에 드러난 걱정과 고통의 기미를 바라보고 목소리에 담긴 불안을 느껴본다. 고통 받고 있는 다른 사람의 감정에 최대한 깊이 공감해본다. 그 아이는 당신과 비슷한 고통을 느끼고 있을지라도 어리기 때문에, 그 고통을 이해하기도 힘들고 결과에 상처받기도 쉽다. 차분히 호흡하면서 이 모든 상황에 대해 깊이 생각해본다.

이제 그 아이와 함께 할 시간이 매우 짧다고 생각해 본다. 당신이 아이한테 줄 수 있는 것은 그 아이가 힘든 여행을 떠나기 전에 가지고 갈 수 있는 편지가 전부다. 위로의 편지를 쓰고 싶은가? 아니면 지지한다는 편지를 쓰고 싶은가? 지면이 한정되어 있다면 상처받고 있는 그 아이에게 무슨 말을 해 주겠는가?

이에 대해 원하는 만큼 생각한 다음 편지를 쓴다.

| 2단계

미래에 무슨 일이 일어날지는 모르지만, 당신이 원하는 방향으로 십년 후 자신의 모습을 상상해본다. 모든 문제가 해결된 장밋빛 미래를 떠올리기보다는 더 현명하고 경험이 많아진 당신을 떠올려본다. 삶의 일부가 십 년 후에 어떻게 되어 있을지 상상해본다. 어디에 살고 있을까? 어떤 일을 하고 있을까? 일상의 경험은 어떨까?

십년 후의 삶에 대해 구체적으로 떠올려 보았다면, 미래를 살고 있는 당신의 관점으로 현재의 자신을 되돌아본다. 십년 후의 당신에게 지금 당신의 삶은 어떻게 보이는가? 현재의 자신에게 동정심이 드는가? 걱정과 연민이 드는가?

잠시 동안 눈을 감고 그 상황에 대해 생각해본다. 그런 다음 준비가 되면 두 번째 편지를 쓴다. 이번에는 미래의 자신이 현재의 자신에게 쓰는 편지다. 자신에게 무슨 말을 해주고 싶은가? 이번에도 친절, 연민, 지지의 뜻이 담긴 편지를 쓸 것인가? 아니면 끝까지 견디며 희망을 잃지 말라고 충고하겠는가?

모두 마치고 나면 편지 두 통을 잘 보관한다. 며칠이나 몇 주 동안 잠시 치워 놓는다. 그리고 어느 시점이 되면 자기가 쓴 편지를 읽어본다. 지금 당신이 처한 상황을 다른 관점으로 바라보는 것이 어떤 의미가 있었는지 차분히 생각해본다. 다른 렌즈를 통해 자기 자신을 바라볼 수 있다면 현재의 삶이 어떻게 달라질지 생각해 보아라.

❀ 새로운 시작

자기 자신을 삶이 반드시 따라야 할 일련의 규칙이나 한계로 바라보는 대신, 삶이 펼쳐지는 무대로 바라본다는 개념은 독자들에게 무척 생소할 수 있다. 만약 그렇다면 그 새로운 개념은 독자들로 하여금 자신을 둘러싼 세계를 받아들이고, 그 세계와 상호작용하는 방법에 있어서 커다란 차이를 가져올 수 있을 것이다. 삶에서 마주하는 불안의 경험 또한 지금까지와는 크게 달라 보일 것이다. 불안이 오랫동안 당신 삶의 한계로 작용했다는 사실은 시간이 지나도 변하지 않을 것이다. 하지만 불안이 계속해서 당신의 삶을 방해하고 삶의 여러 가지 가능성을 차단할지 안할지는 아무도 모른다. 자기 자신을 삶이 펼쳐지는 맥락으로 바라본다면, 매 순간이 곧 풍요롭고 의미 있으며 목적이 분명한 삶으로의 여행을 시작할 수 있는 기회가 될 것이다. 불안 역시 그 여행에 함께 하겠지만 당신의 여행을 방해하는, 넘을 수 없는 장애가 되지는 않을 것이다.

09

그럼에도 불구하고
삶은
뜻대로 되지
않을 수도 있다

장황한 작별인사는 하고 싶지 않다. 하고 싶은 말은 이미 다 했으니 결론이 거창할 필요도 없을 것이다.

책의 마지막 장은, 말하자면 시의 마지막 구절과 마찬가지로, 장례식보다는 생일잔치에 더 가깝다고 할 수 있다. 책장을 덮는 순간은 곧 책의 내용을 머릿속에 담고 시작하는, 혹은 내용이 좋았다면 마음에 새기고 시작하는 새로운 인생의 출발점이다. 그 출발선에 서서 책에서 발견한 내용을 걸러내고 받아들여 새로운 삶을 위해 어떻게 사용할 지는 오롯이 독자들의 몫이다.

1장에서 우리는 어느 화요일 아침에 비행기가 건물에 부딪혀

폭발하고, 크리스마스 다음날 아침 쓰나미가 식탁을 덮치는 이 세상에서, ACT도 당신을 보호하지 못할 것이라는 사실을 강조했다. 정말 그렇다. 우리가 공유하는 시간과 공간은 빛바랜 사랑, 해고 통지서, 곰팡이 핀 딸기, 엑스레이 사진의 까만 부위, 벼룩, 빗나간 총알, 피라미드 사기, 실패한 복수극, 죽음의 수용소 등으로 점철되어 있다. 크고 작은 공포가 우리를 둘러싸고 있다. 이런 상황에서 가만히 앉아 조바심을 내며 일이 끔찍하게 잘못 되기를 기다리고 있다면 그야말로 정말 불안해질 수밖에 없을 것이다. 그렇지 않은가?

하지만 이 모든 불안과 함께 하는 것은, 곧 상상할 수 없는 풍요와 기쁨, 행복과 함께 하는 것이기도 하다. 사람들은 어깨를 기대며 함께 늙어 가고, 영웅이 나타나 우리를 구해주며, 3일 동안 집에 들어오지 않던 강아지도 무사히 집으로 돌아온다. 아이들은 길거리에서 웃음을 터트리고 새들은 노래한다. 빳빳하고 새하얀 침대 시트에서는 상쾌한 향이 나고, 아침에 일어나 마시는 커피는 마치 블루베리와 초콜릿 같다. 귀찮지만 처음으로 우산을 챙겨 외출했던 바로 그 날 정말 비가 온다.

이 불안한 세상에서 우리를 보호할 수 있는 방법이 정말로 있다면 어떨까? 우리가 그 새로운 방법에 관해 책을 쓰고, 독자들은 그 책을 통해 불안을 말끔히 해결할 수 있다면? 하지만 한 가지 함정이 있다. 걱정과 공포, 두려움은 사라지겠지만 즐거움, 만족감,

기쁨 또한 그와 함께 사라질 것이다. 우리 삶은 안전하지만 아무런 빛깔도 없이 무미건조해질 것이다. 나쁜 것들로부터 벗어날 수 있지만, 이를 위해서는 좋은 것들 또한 희생해야 한다.

정말 그런 책이 있다면 사서 읽어보겠는가? 오랫동안 몹시 고통스러웠다면 그럴지도 모른다. 많은 사람들이 고통을 해결하기 위한 다양한 방법을 찾겠지만, 대부분 책보다는 알약과 술잔에 의지할 것이다. 알약과 술잔을 통해 고통스러운 감각을 잊는 것도 한 가지 방법일수 있지만, 그와 함께 치러야 할 대가는 무척 크다.

이 책의 기본 전제는 불쾌한 경험을 피하려고 노력하는 것보다 삶의 모든 측면을 있는 그대로 받아들이는 것이 궁극적으로 훨씬 유익하다는 것이다. ACT를 통해 우리는 마음을 열고 모든 것을 받아들이는 방법을 배울 수 있으며, 우리 삶을 방해하는 세상의 장애물과 우리 머릿속의 장애물을 뛰어넘기 위해 필요한 심리적 유연성을 기를 수 있다. 이 책을 통해 독자들이 ACT에 대해 조금이나마 알게 되었다면 더 이상 바랄 것이 없다. 읽는 동안 즐거웠길 바라며, 독자들의 남은 삶에 이 책이 도움이 되기를 진심으로 바란다.

잠깐! 그런데 우리는 실제로 불안을 느낄 때 어떤 〈행동〉을 해야 하는지에 대해서는 말하지 않았다. 어떤 자기계발서가 이런 저런 순간에 실제로 활용할 수 있는 확실한 비법도 알려주지 않는단

말인가!

사실 솔직히 말하자면, 우리는 조언을 하거나 목록을 나열해주는 데에는 정말 소질이 없다. 하지만 이 책의 내용이 조금이라도 독자들의 마음을 움직였다면 거기에 덧붙여 불안을 느끼는 순간에 시도해 볼 수 있는 한 가지 방법을 소개한다. 독자들에게 도움이 되기를 바란다.

1. 무슨 일을 하고 있든 속도를 늦춘다. 바보 같이, 우스꽝스러울 만큼 천천히 속도를 늦춘다. 늘어진 테이프처럼 발음을 뭉개고 자기가 나무늘보라고 생각한다. 어떤 상황에서도 아주 천천히 움직인다.

2. 이 책의 첫 페이지에 질문이 하나 있다. 질문은 다음과 같다.

'바로 지금 이 순간, 슬픈 일이든 기쁜 일이든 기꺼이 받아들이고, 머릿속에 떠오르는 모든 생각을 가볍게 바라보며, 당신에게 의미 있는 삶의 주인이 되고, 삶에서 달아나고 있다고 느낄 때 부드럽게 다시 되돌아 올 수 있는가?'

3. 지금 당장 그 질문에 대답할 필요는 없다. 대답하기 전에 그 질문에 대해 곰곰이 생각해 보아라. 한 단어 한 단어 크게 읽고 주의 깊게 들으면서 그 질문이 무슨 뜻인지 충분히 이해한다.

4. 그런 다음 자신의 삶을 바라보며 그 질문에 대답해본다. 삶에 작은 친절을 베풀거나 소중히 여기는 가치에 작은 선물을 해 본다.

마지막 작별 인사 대신 시 한편을 들려줄 것이다. 우리의 마음을 울렸던 시다. 이 시가 독자들의 마음도 울리기를 바란다.

가끔 우리는 돌아가고 싶다.
평범한 것들로. 돌멩이로, 대지로,

풀잎으로, 바람으로. 우리가 알고 있었던 것들로,
오랫동안, 예전에 알았던 것들로,

시간을 채우는 것이 먼지일 때,
나뭇가지와 낙엽 더미일 때,

오래 전에 죽은 새의
가늘고 흰 뼈 일 때,

개울 근처의 커다란 바위 위에 누워도
딱딱하지 않았고,

맨살에 드리우는 태양은 따뜻했네.

시간도 우리를 뒤쫓지 못했네.

지금처럼. 세상은 견고하고

진실했으며, 삶은 느리고 오랫동안 황홀했네.

— 캐롤린 엘킨스, 『우리가 알았던 것』

더 읽어보기

무엇에 대해 얼마나 알아야 충분한지는 사람마다 조금씩 다르
다. 깊이 파고드는 것을 좋아하는 사람도 있고, 몇 가지 조언을 받
아들여 자신에게 적용하면서 하나씩 배워가는 것을 좋아하는 사
람도 있다. 불안에 관해 인터넷 백과사전을 참고하기보다 이 책을
읽기로 한 독자들이라면 틀림없이 전자에 가까울 것이다.

| ACT(Acceptance & Commitment Therapy:수용전념치료)

5년 전만 해도 ACT에 관한 책은 몹시 드물었다. 하지만 요즘
은 그렇지 않다. 지난 몇 년 동안 ACT에 관해 전문가나 일반 대중
을 위한 다양한 책이 꾸준히 출간되었다. ACT에 관심이 있다면
다양한 책 중에서 원하는 책을 선택해서 읽어볼 수 있다. 다음에
언급할 책들은 ACT의 기본개념에 대해 조금씩 다른 관점을 보이
기 때문에, ACT에 대해 폭넓게 이해하고 싶다면 여기서 제시한
다양한 책들을 읽어보는 것이 도움이 될 것이다.

스티븐 헤이즈와 스펜서 스미스가 함께 쓴 『마음에서 빠져나와 삶 속으로 들어가라』는 특정한 정신건강문제에 한정되지 않고 ACT의 전반에 대해 잘 소개한 책이다. 존 포사이스와 게오르그 에이페르트가 함께 집필한 『마음챙김과 수용중심: 불안장애 치료의 실재』는 불안에 관한 여러 가지 문제를 이 책과는 조금 다른 각도로 살펴본다. 실생활에 적용할 수 있는 연습 문제도 많고, 쉽고 재미있게 명상을 할 수 있도록 도와주는 오디오 시디도 함께 제공된다. 마지막으로 일반 독자들을 위한 책 중에 차드 르준의 『The Worry Trap(New Harbinger, 2007)걱정의 덫(가제)』은 범불안장애로 알려진, 걱정이 끊이지 않는 상태에 특히 초점을 맞추었다고 할 수 있다.

독자들이 이 책에서 읽은 내용 중 대부분은 우리의 책 『Mindfulness for Two(New Harbinger, 2008)두 사람을 위한 마음챙김 실습(가제)』에도 언급되어 있으며 그 책은 ACT의 바탕이 되는 행동 과학에 대해서도 훨씬 구체적으로 다루었다. 『Mindfulness for Two』는 전문 서적 치고는 재미있게 읽을 수 있다. ACT의 기초에 대해 더 깊이 탐구해보고 싶다면 그 책을 살펴보길 바란다.

ACT와 이 이론의 토대가 되는 기초행동과학 분야에 관심이 있다면 길퍼드 프레스The Guilford Press 출판사에서 1999년에 발행한 『Acceptance and Commitment Therapy』를 읽어볼 것을 권한다. 이 책은 ACT의 구조와 실제에 관해 가장 처음 소개한 책으로 스티븐 헤이즈와 커크 스트로살, 그리고 이 책을 쓴 켈리가 함께 집필한 책이다. 우리가 이 책을 집필하는 동안 그 책의 개정판이 출간 준비 중이었는데, 아마 2010년 쯤 출간되었을 것이다. 학문적인 연구를 위해 쓰였기 때문에 쉽게 읽을 수 있는 책은 아니지만 ACT가 마음에 와 닿는다면 읽어볼 가치가 있다.

마지막으로 전 세계 ACT 연구자들의 커뮤니티 「ACBS (Association for Contextual Behavior Science)」에서 관리하는 웹사이트를 방문해 보는 것도 좋을 것이다. 전문가들이 모인 다른 웹사이트와 달리 ACBS의 웹사이트는 일반 대중들을 위한 흥미로운 정보도 많이 제공한다. www.contextualphychology.org에서 'ACT for the Public'이라는 항목을 살펴보면 된다. ACBS는 또한 ACT법을 활용하는 심리치료사들의 목록을 제공하고 있어서 조금 더 깊이 있게 이 작업을 진행하고 싶은 사람들에게 도움이 될 것이다.

이 책의 내용이 도움이 되었다면 'ACT for the Public'이나 다른 토론 게시판을 방문해 자신의 경험을 나눠보는 것도 좋을 것이다.

| 마음챙김

마음챙김은 아주 오래된 개념이다. 덕분에 지난 2천 년 동안 마음챙김에 관한 많은 책이 집필되었다. 현재에 머무르는 방법에 대해 더 배우고 싶을 때 참고할 수 있는 훌륭한 책들이 수십여 권에 달한다. 마음챙김에 관한 현대의 연구에서 가장 독보적인 인물은 바로 존 카밧진이며, 그의 작업은 우리 두 사람 모두에게 개인적으로 엄청난 영향을 미쳤다. 『Coming to Our Senses (Hyperion, 2006)당신의 감각을 깨워라(가제)』과 『나는 지금 어디에 있는가』는 둘 다 아주 훌륭한 책이지만, 존 카밧진의 뛰어난 역량 중 아주 일부만 드러낸 것뿐이다. 마음챙김 명상에 관한 불교 서적은 수없이 많지만, 틱낫한의 『거기서 그것과 하나 되시게』와 『틱낫한 스님의 아! 붓다』 두 권이 마음챙김에 대해 잘 소개하고 있다.

듀크 대학 통합의료 센터의 정신과 의사 제프리 브랜틀리가 집필한 『Calming Your Anxious Mind(New Harbinger, 2007)불안한 마음 가라앉히기(가제)』는 마음챙김 명상을 통해 불안을 극복하는 방법에 관한 책이다. 불안한 감정을 느끼면서도 잘 살 수 있는 방법을 찾고 싶다면 읽어보기를 권한다.

| 그 밖의 훌륭한 책들

우리가 시를 좋아한다는 것은 독자들도 이미 눈치 챘을 것이다. 오랜 시간 동안 우리가 깨달은 것이 하나 있다면, 바로 인류가 사랑하는 시인들의 시를 찬찬히 오랫동안 음미하다보면 그 안에서 삶의 교훈을 발견할 수 있다는 것이다. 독자들은 이 책에서 T. S. 엘리엇, 로버트 번즈, 매튜 아놀드, 윌리엄 버틀러 예이츠, 에밀리 디킨슨, 엘리자베스 비숍, 월트 휘트먼, 알프레드 로드 테이슨, 캐롤린 엘킨스의 시를 만날 수 있으며, 킹 제임스 성서의 내용 일부와 셰익스피어의 작품 또한 만날 수 있다. 우리는 레니 부르스와 사무엘 베케트의 산문도 인용했다. 이들의 글을 더 읽고 싶다면 근처의 도서관이나 웹사이트에서 쉽게 찾아볼 수 있을 것이다.

불안에 서툰,
당신에게

초판 1쇄 인쇄 2017년 6월 20일
2쇄 발행 2017년 10월 20일

지은이	트로이 듀프레인, 켈리 G. 윌슨
옮긴이	임현경
펴낸이	우세웅
기획총괄	정우진
책임편집	이지현
홍보·마케팅	신이원, 정태연, 송여울
북디자인	신은경

펴낸곳	슬로디미디어그룹
출판등록	제25100-2017-000035호(2017년 6월 13일)
주소	서울시 서대문구 불광천길 116, 2층(북가좌동)203호
전화	02) 493-7780
팩스	0303) 3442-7780
전자우편	wsw2525@gmail.com(원고 투고)
홈페이지	http://slodymedia.modoo.at
블로그	http://slodymedia.me
페이스북·인스타그램	slodymedia

ISBN 979-11-961296-0-6 03190

이 도서의 국립중앙도서관 출판예정도서목록(CIP)은 서지정보유통지원시스템 홈페이지(http://seoji.nl.go.kr)와 국가자료공동목록시스템(http://www.nl.go.kr/kolisnet)에서 이용하실 수 있습니다.
(CIP제어번호 : CIP2017014830)